はじめに――「22の鉄則」で、あなたの今と未来を変えよう！

学校や塾、あるいは自宅で国語の勉強をしたあと、自分に質問してみてください。

「さて、今の時間、自分はいったい何を身につけたのだろう?」

数学なら、「三平方の定理を身につけた」「因数分解の方法を身につけた」などと言えますが、国語では「小説を身につけた」「論説文を身につけた」などとは言えません。もちろん、「論説文を読む力を身につけた」と表現することはできます。しかし、数学で公式を学んだのと同様の「学んだ実感」がありますか? ありませんね。なぜでしょうか。

それは、「読む力」などというものがそもそも存在しないからです。私たちは、「読む力」を使って読むのではありません。論理的思考力を使って読むのです。同様に、「書く力」も「話す力」も「聞く力」
在しません。私たちは、論理的思考力を使って書き、話し、聞くのです。

この本は、あなたの論理的思考力を高めるための本です。論理的思考力は、形ある技術・型・方
それは、数学の公式のようなものです。この本ではそれを、「鉄則」と名づけています。この本
「22の鉄則」を使いこなせば、あなたは、国語の勉強をしたあとで「何を身につけたのか」をはっ
れるようになります。そういう意識的な勉強の結果として、点数が、偏差値が、上がります。志望校
できます。そして、論理的思考力を身につけることの何よりも大きな成果として、あなたの今と未来
が、豊かで充実したものへと変わるのです。さあ、第一歩を踏み出しましょう！

国語読解［完全攻略］22の鉄則 目次

本文中のチェック欄の見方

左の例の場合、特に中心となる力が「くらべる力」であり、この鉄則を生かしやすいのが主に「記述式」設問であり、特に「文学的文章」に生かしやすいことを意味します。チェックのない部分が無関係であるという意味ではありません。

チェック欄の例

□言いかえる力	☑記述式	□説明的文章
☑くらべる力	□非記述式	☑文学的文章
□たどる力		

国語力とは何か？

左ページの図を見てください。国語力とは、言葉を使いこなす力のことです。私たちが言葉を使うのは二つの場面、発信の場面と受信の場面です。そこで、国語力を二つに分けると、発信力・受信力となります。発信力とは、さらに具体的には話す力・書く力のことです。受信力は、聞く力・読む力です。

読解問題を解く力というのは、読む力と書く力の一部に過ぎません。

単に自由に読むのではなく、出題者の要求に従って、出題者の解釈を推察しながら読む。同様に、単に答案を書くのではなく、出題者の要求に従って、出題者の解釈を推察しながら書く。読解問題を解く力（狭い意味での「読解力」）というのは、このように自由度の低い読み書きの力を指すわけです。その意味では、「読解問題ができる人」イコール「あらゆる読み書きができる人」であるとは言えません。このことは、いつも心の中に留めておくようにしましょう。

とはいえ、みなさんは、そのいわゆる「読解力」なるものをテストで問われ、苦労しています。乗り越えなければなりません。そのために、読む力・書く力をアップさせていく必要があります。

ただし、冒頭で述べたように、読む力・書く力というのはつかみどころのない存在です。そこで、その正体である「論理的思考力」について、少し詳しく見ていくことにしましょう。

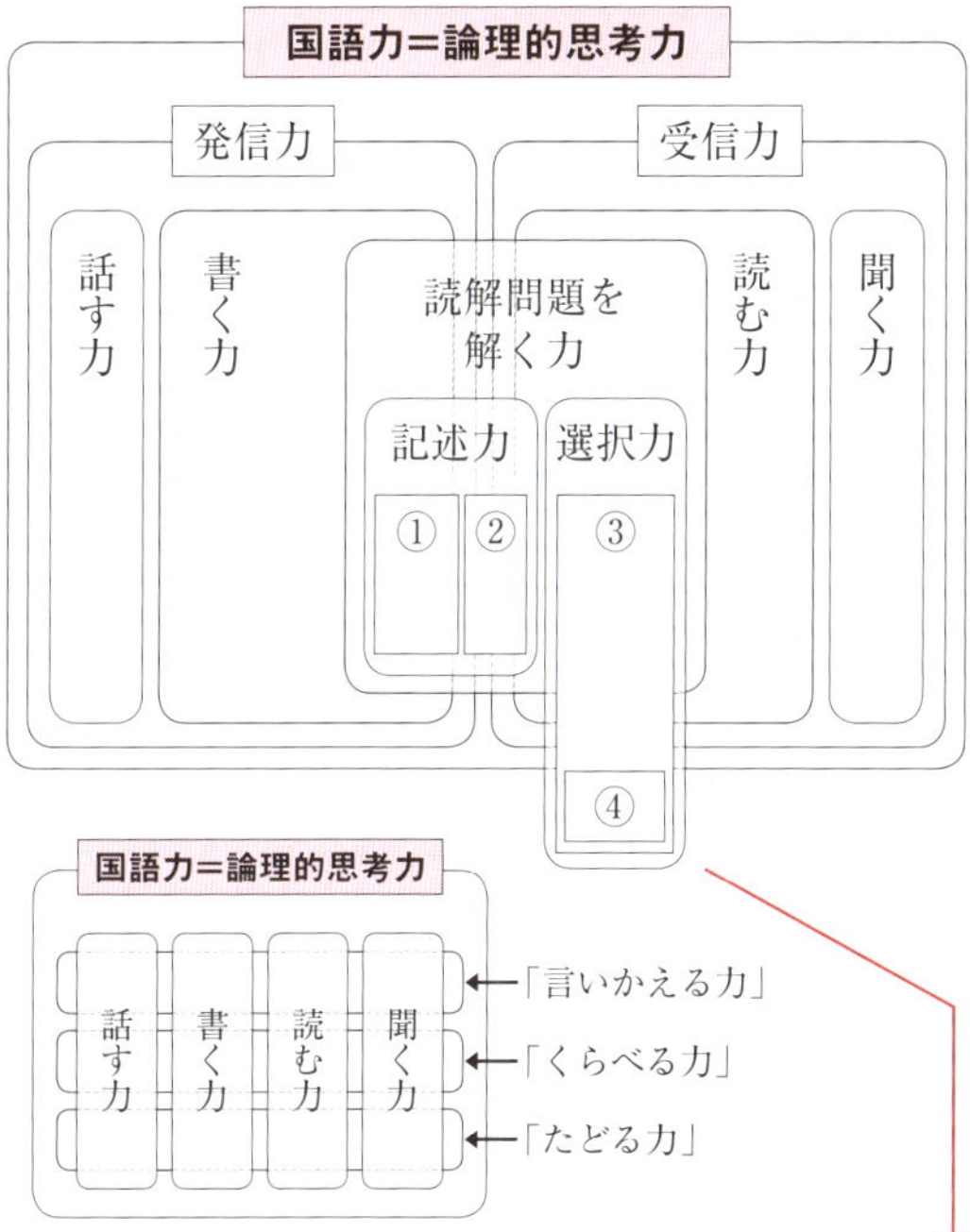

読解とは再構成である（鉄則２）

① **自分自身**の言葉で再構成する。

② **筆者・作者**によって既に再構成された部分を本文から抜き出す。

③ **出題者**によって再構成された選択肢の中から適したものを選ぶ。

④ ③の中でも特に、論理的思考力によって解決しづらい選択問題（社会の常識や道徳的価値観で答えが決まる設問）。いわゆる悪問。

これについては、『ふくしま式「国語の読解問題」に強くなる問題集［小学生版］』（大和出版）を参照。

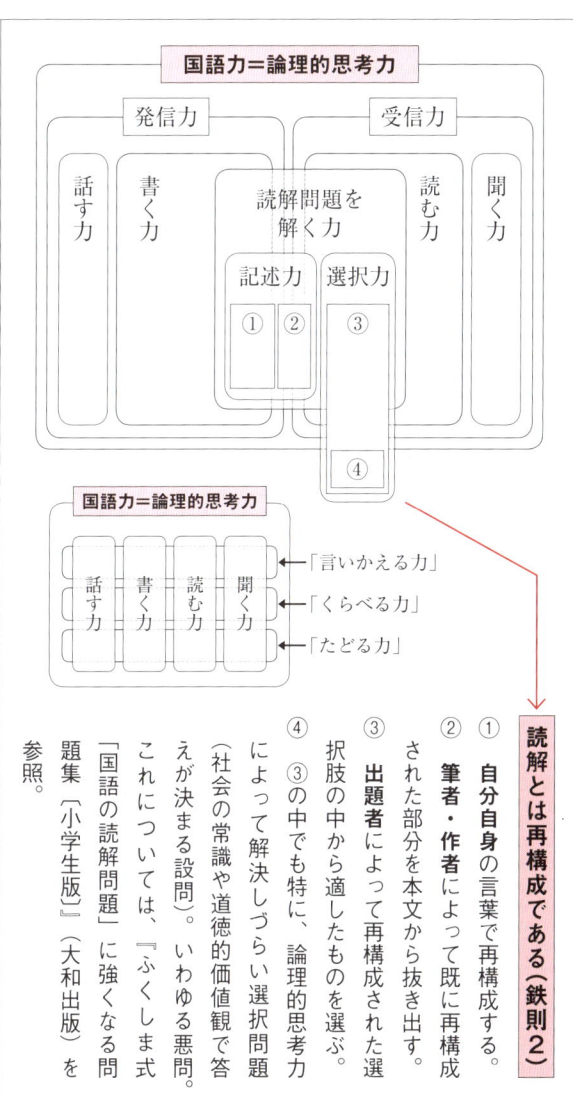

論理的思考力とは何か？

論理的思考力とは、**関係を整理する力**のことです。「力」とは「技術を使いこなす能力」を意味します。

そこで、正確な論理的思考力の定義は、「関係を整理する技術を使いこなす能力」となります。そして、この能力は **「3つの力」** に分類できます。

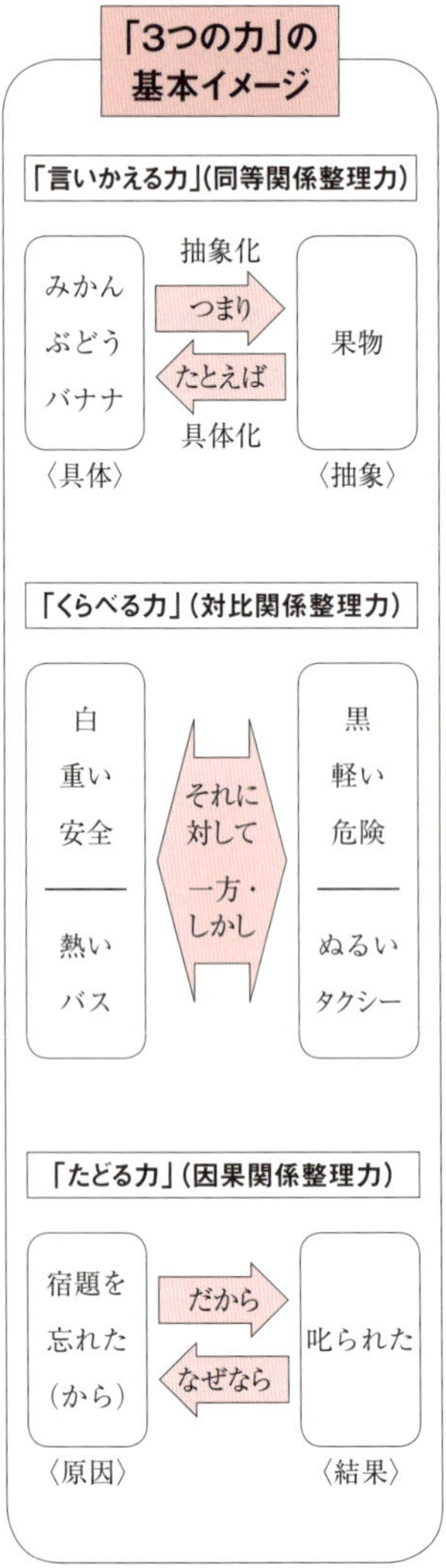

「言いかえる力」の〈具体〉は、たとえば「バナナ」だけでも成立します（対象が一つでも複数でも言いかえられる）。

言いかえる力――同等関係整理力　同等関係……抽象と具体の関係

〈具体〉バナナ　樹木の実（果物）、甘い、黄色い、長細い、……

↑↓　**特徴を引き出す↑（抽象化）　特徴を与える↓（具体化）**

〈抽象〉果物　樹木の実（果物）

意味を広げるのが抽象化。
意味を狭めるのが具体化。

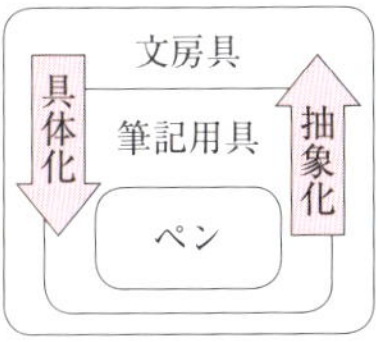

抽象化とは、絵に描きづらいような表現に言いかえること。固有の特徴を引き出し、同時に他の特徴を捨てること。
具体化とは、絵に描きやすいような表現に言いかえること。固有の特徴を与えること。
「言いかえる力」とは、単語レベル、文レベル、文章レベルで抽象化・具体化することにより、発信者の抱いているイメージを受信者に対しありのままに届ける（あるいは受信者がありのままに受け取る）ための力です。

くらべる力――対比関係整理力

①「このボールは大きい。それに対して、あのボールは小さい。」
②「このボールは軟らかい。それに対して、あのボールは硬い。」
③「このボールは大きい。それに対して、あのボールは硬い。」
④「このボールは大きくて軟らかい。それに対して、あのボールは小さい。」

①の**対比の観点**は「大きさ」。②は「軟らかさ（硬さ）」。③は観点がずれています。そのため対比が成立していません。④は、「大きい・小さい」という反対語により、一つの対比は成立しています。が、もう一つの対比である「軟らかい・硬い」の観点が後半だけ消えています。そのため、バランスの悪い文章となっています。後半を、「それに対して、あのボールは小さくて硬い」とすることにより、バランスのとれた対比の文章となります。対比関係の整理とは、このように、発信・受信の際、**「観点」**と**「バランス」**に意識を向けていくことを意味します（鉄則7参照）。

なお、対比はいつも「正反対」である必要はありません。「冷たい」の正反対は「熱い」ですが、「ぬるい」でもよいわけです。ただし、次の②のようなタイプは注意しなければなりません。

①「日本はもう朝だ。しかし、アメリカはまだ夜だ」
②「日本はもう朝だ。しかし、まだ空は暗い」

①は明確に対比になっていますが、②は対比とは言いづらい文です。この本では、②のようなタイプ（後半が前半に対して「予想外の展開」になるようなタイプ）を「逆接」とし、「対比」とは区別しています。記述答案を作成する際には、意識的に①のような対比の文を作れるようにすることが大切です。

たどる力――因果関係整理力

因果関係とは、原因と結果の関係のことです。

ア　分煙されていない　　原因
　　だから←→なぜなら　　←→
イ　子ども連れが入りづらい　　結果　原因
　　だから←→なぜなら　　←→
ウ　分煙すべき　　結果

ウ←→イ←→ア
各駅停車

ウ←→ア
急行列車

「因果関係が成立する」とは、「なるほどと思える」ということです。一〇人中八人が「なるほど」と思えるかどうか（すなわち、客観性が高いかどうか）。これが、正しい因果関係の一つの基準になります。

読解問題では、多くの場合、ウが問われます。「ウはなぜか」。その答えは、多くの場合、ア→イとなります。すなわち、「アのため、イであると言えるから」「アによって、イとなったから」などと答えるわけです。このとき肝心なのは、「イ」です。イが抜けないようにする（＝各駅停車にする）のがポイントです（鉄則19参照）。ただし、会話などでは、あえて急行列車を選択することがあります。右の分煙の例で、店員が店長に主張する場面なら、イを抜かしても話が通じるはずです。この「駅」は店員と店長の間では暗黙の「常識」だからです。発信者と受信者の間に共有された「常識」は、むしろジャンプし、「たどらない」ほうがスムーズになることもあるのです。
このように、急行列車と各駅停車を必要に応じ使い分ける力を、「たどる力」と呼びます。

論理的思考力とは関係整理力ですから、接続関係を表す言葉、すなわち接続語を分類することによって、論理的思考力を分類することができます（91ページ参照）。このとき、厳密には「3つの力」から外れる「関係」が、二つあります。その働きについて、確認しておきましょう。

並列関係

複数のことがらが単純な同列で並べられている関係です。**「また・または・しかも・あるいは・そして」**などの接続語が用いられます。「朝あるいは夜」のような関係です。なお、「雨・雪・悪天候」の中で並列と言えるのは、「雨・雪」だけです。「悪天候」は「雨・雪」より抽象的ですから並列とは言えません（「雨・雪」と「悪天候」は同等関係）。

並列関係の接続語は具体例を列挙するときに使われるため、「言いかえる力」を鍛える中でおのずと学ぶことになります。このため、「3つの力」と同格に扱ってはいません。「様々な野菜を育てている。たとえば、大根、ニンジンなどの根菜類。また、トマト、キュウリなどの果菜類。あるいは、キャベツ、レタスなどの葉菜類」といった文章において、「また」や「あるいは」は、実質的に「たとえば」とほとんど同様の意味を、読み手に届けていると言えますね。

なお、この例において、たとえば根菜と葉菜を対比的に例示することもできます。「根を食べる野菜もあり、また、葉を食べる野菜もある」など。この文では、根と葉が暗に対比されています。こういう場合、意味上は、並列関係が対比関係に近づくわけです。この場合も「くらべる力」に含めればよいため、「3つの力」と同格にする必要はありません。

補足関係

単純な同列ではなく、中心となる「A」があり、その上で「b」という補足情報が加えられるような関係です（A＋b）。**「ただ・ただし・実は・なお」**などの接続語が用いられます。「僕は中学生だ。ただし、来月にはもう高校生になる」などといった使われ方になります。これらの接続語は、文字どおり補足の働きにとどまるものであり、主役ではありません。言いかえれば、文章の論理展開を支える骨組みとしての「関係」であるとは言えません。ですから、論理的思考の主たる技術からは外しても差し支えないと考え、「3つの力」には含めていません。

この本の対象、及び使い方

この本は、書き込み式の問題集ではありません。ノートに答案を書きながら実際に問題を解いてみるに越したことはありませんが、そこまで身構える必要はありません。だいたいの答えをイメージした上ですぐ解説ページを読むという使い方で十分です。

問題・解答は具体例に過ぎません。大切なのは、その具体例をとおして学ぶべき22の「技術」です。

この本によって学んだ技術（＝武器）を、学校の授業の場で、模試や入試の会場で、あるいは単に本を読む場面において、自ら取り出し、意識的に使うことこそが大切なのです。この本の問題を解き終えることが目的ではなく、それはあくまでもスタートラインであるということです。

なお、この本は、中学生を主たる対象にしています。

しかし、国語というのは、スポーツと同様、技術を身につけてしまいさえすれば、校種・学年に関係なく力を発揮することのできる教科です。そもそも、「言葉を使いこなす能力」に対して校種・学年などの区切りがあるほうが不思議なのです。

その意味で、この本は、小学生・高校生でも、あるいは大学生・社会人であっても、役立てることができます。

このハンドブックは、今日この瞬間から、あなたにとっての座右の書となることでしょう。

「ふくしま式」問題集シリーズ紹介

小学生版とあなどるなかれ！ 中高生でも十分手応えあり。

思考力＝「3つの力」の育成

通常レベル

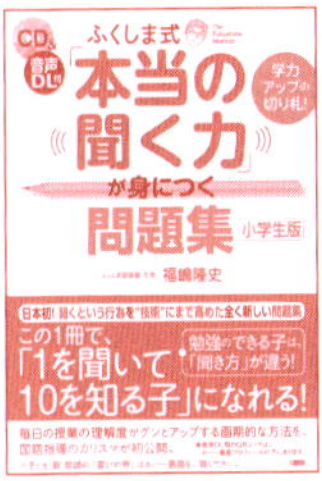

「聞く」に特化

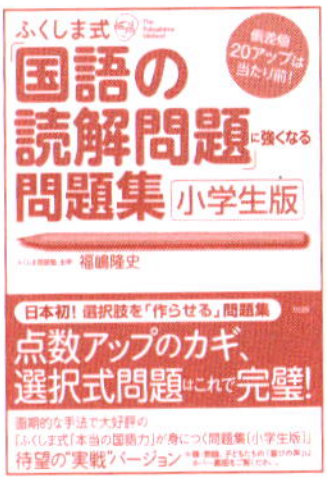

「読む」に特化

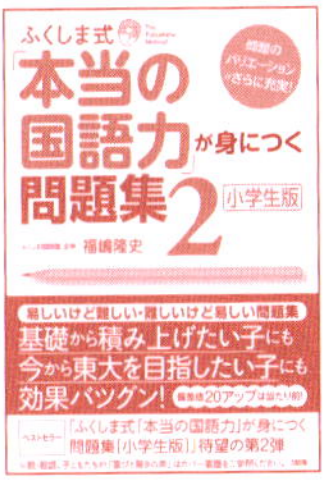

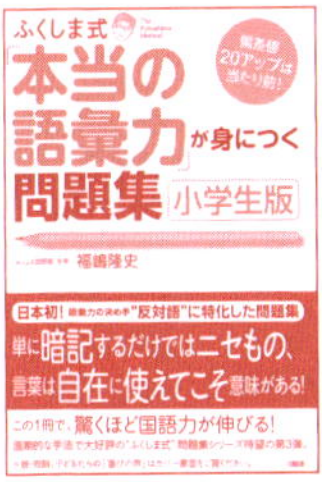

抽象的語彙力の育成

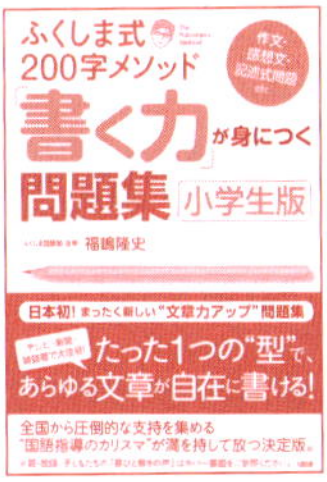

「書く」に特化

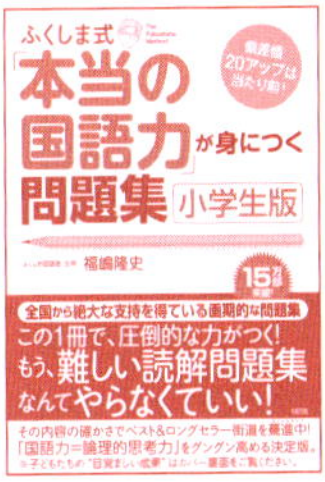

基礎レベル

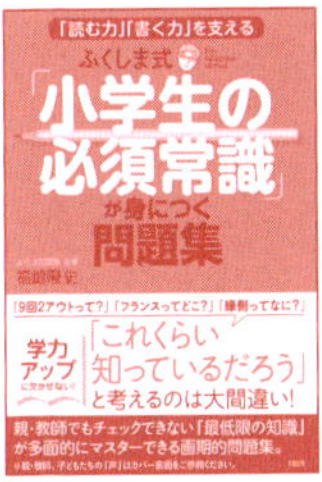

具体的語彙力の育成

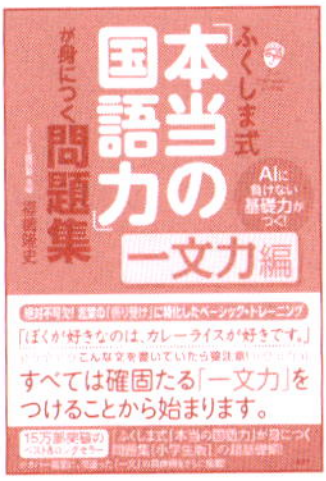

一文読み書き力の育成

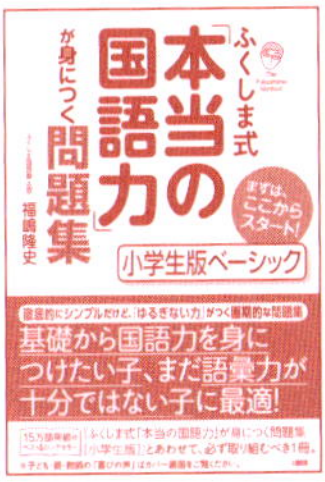

鉄則1（心構え）

「型」を武器にせよ。そして、その武器を自ら取り出して使え。

武器になるものは二つある。第一に「形式」。第二に「内容」。

これらの武器を「持つ」だけでなく、自覚的に「使う」ことが大切だ。

特に「形式」を優先せよ。「形式」は、論理的思考の技術そのものである。

〈形式〉どう読むか。どう書くか。「型」そのもののこと。

「AつまりB」「AではなくB」「AだからB」等々、この本が最も重視している、関係を整理するための「型」のこと。

〈内容〉何を読むか。何を書くか。「型」に入れる中身のこと。

生物多様性・メディアの仕組み・日本と西洋の違い等々に関する多様な知識や、「何が正しく何が間違っているか」といった価値観。

☑言いかえる力　☑記述式　☑説明的文章

☑くらべる力　☑非記述式　☑文学的文章

☑たどる力

【1】 次の文章を読み、あとの問いに答えなさい（①～⑤は段落番号）。

①「夢」と「目標」は、どちらも未来への希望である。

②しかし、ひとくちに未来への希望と言っても、違いはある。

③たとえば、「夢」は規模が大きい。メジャーリーガーになる、宇宙で活躍する、アカデミー賞女優になる、などというように、実現可能性は低いができることなら手に入れたい、という願いである。実現への明確な方策は持たないが希望はある、という状態だ。

④一方、「目標」は規模がやや小さい。次のテストで八〇点を取る、今度の試合で三位に入る、などというように、実現可能性が高いだけに確実に手に入れたい、という願いである。実現への明確な方策を持ち得る状態だ。

⑤このように見ると、まずは一つひとつの「目標」を成し遂げていくことが大切であり、その達成の連続の先にこそ、「夢」の実現が待っているのかもしれない、と思えてくるのである。「夢」は大切だが、それだけではダメだ。まず「目標」を見すえ、小さな一歩を踏み出そう。

〈問い〉 次のア～オに示された取り組み方が「形式」に近いならば□、「内容」に近いならば○を、記号につけなさい。

ア ③と④が対比関係にあることを確かめながら読む。

イ 自分の夢は何だろうか、果たして自分は規模の大きな夢を持つことができているだろうか、などと考える。

ウ 過去にアカデミー主演女優賞をとった人の数を調べてみて、本当に実現可能性が低いかを考えてみる。

エ 「アカデミー賞女優になる」は、実現可能性は低いができれば実現させたいことの具体例だ、と考える。

オ ⑤の根拠は③と④である、と整理しながら読む。

【解説】

□（形式）はア・エ・オ、○（内容）はイ・ウです。

アは対比関係。エは同等関係。オは因果関係。

いずれも、論理的思考の技術・型（形式）に沿った読み方をしています。

一方、イ・ウは内容に目を向けた読み方です。もちろん、どちらも「考える」プロセスである以上は、そこに論理的思考が必要になります。しかし、イ・ウともに、その思考の対象は「他者の書いた文章そのもの」を離れてしまっています。「文章が伝える内容に対する、自己の価値判断」に踏み込んでいます。イで、「自分の夢は……」「果たして自分は……」と書かれているのが、それに当たります。また、ウでは、「本当に実現可能性が低いか」というように、文章そのものを検証し価値判断しようとしています。

いずれも、「文章そのもの」を離れた読み方です。

形式を重視する読み方とは「他者の言葉」を重視する読み方であり、内容を重視した読み方とは「自己の言葉」を重視する読み方であるとも言えるでしょう（鉄則2を参照）。

もちろん、「内容」に目を向けることは大切です。そうでなければ、「形式」を整理する意味もありません。イ・ウのように読むことは、ア・エ・オのように読むことの最終目的であるとすら言えます。しかし、形式の整理をないがしろにし、初めから内容にばかり目を向けてしまうと、文章が伝えようとしているメッセージそのものを誤読することにつながりかねません。**まず、他者の言葉を正確に受け止める。そのために、形式を重視する。これが、読解問題の要求なのです。**

そもそも、内容に対する価値判断は多様です。先の文章を受けて、「あなたの『夢』はなんですか」という問いが出されることがあったとしても、それは国語力（論理的思考力）を問うための設問ではなく、あなたという読み手（受験生）の多様性・個性を確かめるための設問です。多くのテストはそれとは異なり、答えを一つに絞ることのできる問いで構成されています。それは、言葉の形式を整理する能力、すなわち論理的思考力を問う設問です。ですから、まず何よりも形式を重視することです。

むろん、この本で論理的思考の型（武器）を学んだとしても、自分からその武器を取り出して読み書きの場で**活用しないことには、宝の持ち腐れです**。読解問題をクリアしたいなら、問題に向き合ったときにまず武器を取り出すことを忘れてはいけません。

●ポイント――文章の良し悪しを語る前に、「型」を活用して正確に読み解こう。

【知識も当然大切】

「生物多様性を失うな」「テレビ・新聞などのマスメディアが伝えていることは必ずしも客観的ではないので疑ってかかれ」「日本人は集団を重視し西洋人は個を重視する」「物質的な豊かさより精神的な豊かさを大事にせよ」等々、ある時代・ある地域に特有の常識（決まった価値観）を知っておくことも、読解の際に武器となります。書かれている「内容」についての知識を持つことは有益だということです。「形式」操作能力を身につけるだけでなく、内容的知識も身につける必要があります。しかし、優先順位はいつも、まず形式、次に内容です。このことを忘れないようにしましょう。

鉄則2（心構え）

読解とは、他者の言葉を再構成することである。

「自分」の言葉を発信する……………………〈構成〉
「他者」の言葉を受信し、整理しなおして発信する…………〈再構成〉

ここで言う発信とは、話すこと・書くこと。
受信とは、聞くこと・読むこと。

読解とは、単に〝読む〟ことではない。
作者・筆者の言葉を受け止め、それをまとめたり、例を挙げたり、くらべられているものを抽出したり、根拠と結論を区別したりしながら整理しなおすこと、すなわち〈再構成〉の作業である。

☑言いかえる力　☑記述式　☑説明的文章
☑くらべる力　☑非記述式　☑文学的文章
☑たどる力

【1】 **次の文章を読み、あとの問いに答えなさい。**

あまり仲の良くないはずのテツコが、珍しく声をかけてきた。次の日曜、一緒に映画を見に行こう、と言うのだ。

マミは思った。どうしよう、断りたいな。仲の悪いテツコと一緒に行くのはいやだし。あまり面白そうな映画でもないし。でも、そういうの、はっきりとは言いづらいな。傷つけちゃうよね……。

そこで、マミは、こう伝えることにした。

「映画館は遠いから無理。日曜は家族と出かけるから時間もとれないし」

本当は、日曜に用事などなかったのだが。

〈問い〉 四人の生徒が、この文章について話しました。次の1～4のうち、他者の言葉の〈再構成〉の範囲を超えて、自分の言葉（自分の意見）を〈構成〉していると言えるものを、二つ選びなさい。

1「マミはテツコと仲が悪かったから誘いを断りたいと思ったけど、相手を傷つけるのも悪いから、本心とは別の理由を伝えたということだね」

2「テツコって、たぶん性格の暗い子なんだと思うよ」

3「相手を傷つけやすい理由ではなく、傷つけにくい理由で断ったということだよね」

4「こんなふうに嘘をつくと、今は何とかやりすごせても、あとから人間関係が悪くなることが多いから、相手を傷つけることを恐れないで正直になったほうがいいという話だよね、結局」

［解説］

答えは、2と4です。

1は、本文中から十分に読み取れる範囲で、主人公がとった言動とその理由としての心情を整理しています。これは、他者の言葉の再構成の範囲内です。

3も、本文中から十分に読み取れる範囲で、主人公の本音と建前を整理しています。これも、他者の言葉の再構成の範囲内です。

1は、主に「たどる力」（因果関係整理力）を使って整理しています。

3は、主に「くらべる力」（対比関係整理力）と「言いかえる力」（同等関係整理力）を使って整理しています。

どちらも、本文（他者の言葉）に沿って考え、本文に沿って整理しています。

しかし、2と4は違います。

2は、本文を離れ、読み手の推測で話しています。テツコが暗い性格かどうかは、本文だけでは分かりません。マミが、本音と建前を使い分けられるような、ある種の社交性を持った人物であることを考えると、そんなマミと仲が悪いテツコはきっと社交性のない、どこか暗いところのある人物に違いない――そんな、直観にも似たとらえ方をしているのかもしれませんが、それは本文を超えた解釈です。

4も同様です。たしかに、この話があとあと、「正直になるべきだ」という教訓を示す展開になると言えないこともありません。しかし、これも本文を超えた解釈です。

2や4のような読み方は、ある意味で高度、ハイレベルです。こういう読み方をできる人は、優れているとも言えます。しかし、入試問題をはじめとするいわゆる「読解問題」の設問（問い）の九割は、本文の範囲を超えないように考えることを求めています。そこでは、単に文章を整理しなおすこと（再構成）が、求められているのです。

ただし、一部の応用問題には、本文を離れ「読み手（受験生）の意見」を書くことを求める設問が見られることもあります。もちろん、大学入試小論文なども、読み手の意見を求めてきます。

大切なのは、見分けることです。自分の意見を書く必要があるのかどうかを。

なお、自分の意見を書く場合でも、本文が与えられている以上は、本文（他者の言葉）に沿って正確にそれを読み解き、その上で自分の意見を加えていく必要があります。

●ポイント――まず他者に沿う（これが設問の九割）。次に自己に沿う（これが一割）。

鉄則3（心構え）

読むときも書くときも、まず「全体」を意識せよ。

「全体」とは、文章の〈骨組み〉である。骨組みは、抽象的である。
「細部」とは、文章の〈肉づけ〉である。肉づけは、具体的である。
まず「全体」、次に「細部（部分）」。この意識で読み書きすることが重要。

説明的文章の「全体」……「筆者が何を否定し何を肯定しているか」
A ではなく B（A よりも B）

文学的文章の「全体」……「主人公の心情や人物関係がどう変化したか」
A が B に変わった

記述答案を作るときにも、六〇字なら六〇字の「全体」を「AではなくB」などとイメージしてから、書き始めること。

☑言いかえる力　☑記述式　☑説明的文章
☑くらべる力　☑非記述式　☑文学的文章
☑たどる力

【1】 次の文章を読み、あとの問いに答えなさい。

現代は、物が豊かになった一方で心が貧しくなっている時代であると、よく言われる。たしかに、都会のレストランの裏口に回ればそこには大量の残飯が廃棄されているし、まだまだ使える家具や家電が捨てられているのもよく目にする。私たちは、物の向こう側に生産者の存在を想い浮かべる態度、(　　　　)、食べ物となる生命への感謝の念などを、同時に捨ててしまったのかもしれない。しかし、だからと言って、物質的な豊かさを手放すことが、精神的な豊かさを取り戻すことに直結するとは言い切れない。次々と目まぐるしく新商品が登場し、古い物は忘れ去られていくような社会の中であっても、心を失わずにいることはできる。大切なのは、見えないものを見ようとする姿勢である。パックに詰められた数百グラムの赤い牛肉も、もともとは生きて動く牛だった。そういった見えない姿を見ようとする態度を失いさえしなければ、物と心の豊かさは、両立できるはずなのである。

〈問い〉 次の仮想設問のうち、「全体」を問うている設問として最もふさわしいものはどれですか。

ア「――部『まだまだ使える家具や家電が捨てられている』とありますが、これはどのようなことの例として挙げられていますか。答えなさい」

イ「(　　　　)に入る言葉を答えなさい」

ウ「――部『見えないものを見ようとする姿勢』を具体的に説明している一四字の部分を抜き出しなさい」

エ「筆者の主張を、六〇字程度でまとめなさい」

オ「――部『そういった見えない姿』は、何を指していますか。具体的に答えなさい」

【解説】

答えはエです。

説明的文章における「主張」とは、常に抽象的な骨組みのことを意味します。そして、それはほとんどの場合、対比構造を持っています。「AではなくB（AよりもB）」の型です。

文学的文章においては、もともと明確な主張が隠されているものですが、それでもその文章から読み取ることのできるテーマは存在します。「AがBに変わった」、たとえば「友人への不信感が、一年後には信頼に変わった」という展開のお話であれば、そこには、「友情とはAではなくBである」、たとえば「友情とは短時間で生み出すものではなく、長時間かけて育てるものである」といったテーマが、背景に存在するはずです。

ですから、**あらゆる文章の骨組みは対比になっている**と言っても過言ではありません。

さて、仮想設問エの答えは、次のようになるでしょう。

「見えないものを見ようとする態度を失わなければ、物質的な豊かさを手放さなくとも、同時に精神的な豊かさを持ち続けることができる」（六一字）

ここには、「物質↔精神」という対比構造があります。筆者は、物質的価値を一面的に否定するような見方に疑問を呈しています。その意味では、文章の最後に「両立」と書かれてはいるものの、やや「物質」に傾いた文章であると言えるでしょう。対比というものは、多くの場合、このように傾きを持つものです。

仮想設問アの答えは、「物が豊かになった一方で心が貧しくなっていること」。これは、部分的な抽象化問題です。イは、「あるいは」などが入ります。これは、具体例の並列関係を問う、部分的な設問です。ウは、「食べ物となる生命への感謝の念」。これは、アの逆、部分的な具体化問題です。オも同様に、部分的な具体化問題。「パックに詰められた数百グラムの赤い牛肉が、もともと生きて動いていたときの姿」などとなります。

もちろん、こういった具体的な細部表現なしに、抽象的な全体の骨組みだけで分かりやすい文章を構築するということはできません。具体・細部も、大切なのです。しかし、読解の最終目標は、あくまでも書き手が伝えたかったことの全体像をつかむことにあります。その意味で、**最初から最後まで全体を意識しながら読む**という心構えが、不可欠になるのです。

●ポイント——文章を読み始める前に、必ず自問せよ。「対比されているAとBは何か。書き手は、AとBのどちらを重視しているか」。これが全体像である。

鉄則4（心構え）

「分かる」とは、「分ける」ことである。

説明的文章であれ文学的文章であれ、書き手は何かを分かっている。読み手が分かっていないであろうことを、分かっている。

一見類似したものごとを見分けている。相違点を見出している。

読解問題に用いられる題材文も、そういう文章である。

とはいえ、それらの文章は、最初からくっきりと整理されているわけではない。だから、読解では、書き手が何を分かって（分けて）いるのかを整理する必要がある。

その整理とは、**対比関係の整理**である。すなわち、分けることである。

分けることができた状態。それが、分かった状態だ。

☑言いかえる力　☑記述式　☑説明的文章
☑くらべる力　☑非記述式　☑文学的文章
☑たどる力

【1】 **次の文章を読み、あとの問いに答えなさい。**

最近のテレビCMは、もったいぶった作りが多くなった。多くを語らず、視聴者が「もっと見たい」と思うところであえてカットし、「続きはウェブで！」「〇〇で検索！」と誘導するCMが増えている。

わずか一五秒間に多くの情報を無理やり詰め込んで視聴者に与えるよりも、まず興味を持たせ、視聴者が自分からウェブサイトを訪問するように仕向け、そこで初めて多くの情報を提示しようとする。

これができると、たしかに、宣伝効果が大きくなるだろう。というのも、私たちは、流れてきたCMを受け身で見聞きしたときよりも、ウェブサイトを自分で訪問して得た情報のほうを、より明確に心に刻むからである。

一人をウェブサイトに呼び込むことができれば、おそらくそれは、CMを単に一〇〇人に見せる場合よりもずっと、宣伝効果が出ると言えるに違いない。

〈問い〉 ウェブ誘導型のCMがなぜ有効と言えるのかについてまとめた次のア〜エのうち、最も「分かりやすい」と言えるものを選びなさい。

ア 私たちは、流れてきた情報よりも、訪問して得た情報のほうを、より明確に心に刻むから。

イ 私たちは、与えられて得た情報よりも、興味を持って得た情報のほうを、より明確に心に刻むから。

ウ 私たちは、意図せずして受動的に得た情報よりも、意図して能動的に得た情報のほうを、より明確に心に刻むから。

エ 私たちは、いつのまにか見聞きして得た情報よりも、意図して能動的に得た情報のほうを、より明確に心に刻むから。

【解説】

答えはウです。ウが最も明確に「分けて」います。

「意図せずして　受動的に得た情報　よりも、
意図して　　　能動的に得た情報」

このようにすると、筆者が何を否定し何を肯定しているのかが明確になります。

ポイントは、反対語・否定表現にあります。

「意図せずして↑↓意図して」は、否定表現のパターン。
「受動的↑↓能動的」は、反対語のパターン。

意図・受動・能動といった言葉は、本文中に書かれていません。しかし、意味内容の変わらない範囲でこうした言葉に「言いかえる」ことは、読解に必須の技術です。これにより、隠された対比関係に気づくことができるのです（鉄則6でさらに述べます）。

アは「流れてきた・訪問して得た」、イは「与えられて得た・興味を持って得た」、エは「いつのまにか見聞きして得た・意図して能動的に得た」。いずれも、対比が不明確です。対比関係を整理しきれていません。

文章に明示されていないが確かに存在する対比関係を自ら整理できるようになるため

【「よりも」に注目】

ウの選択肢は、本文中の「よりも」に注目し、その前後を言いかえたものです。

「わずか一五秒間に多くの情報を無理やり詰め込んで視聴者に与える【よりも】、まず興味を持たせ、視聴者が自分からウェブサイトを訪問するように仕向け、……」

「私たちは、流れてきたCMを受け身で見聞きしたとき【よりも】、ウェブサイトを自分で訪問して得た情報のほうを……」

「与える」「受け身で」
→視聴者は受動的

「自分から」「自分で」
→視聴者は能動的

には、**いつも反対語を意識して読む**ということが不可欠です。

たとえば、「ひとくちに自然と言っても、公園の木々は私たちが作った自然だ」という文に隠された反対語は、何でしょうか。答えは、「自然←→人為」。「人為」は、「人工」や「人間」などでも通じます。「作った」の中に、「人」の要素があるのです。

「ひとくちに友だちと言っても、単に時と場所を共にしているだけなのか、心を共有できているのかで、価値は違ってくる」という文ならば、どうでしょう。答えは、「外面的←→内面的」「形式的←→内容的（実質的）」などとなります。時と場所を共有、つまり外面的・形式的な共有。心の共有、つまり内面的・実質的な共有。

都会に住む人には、公園の木々も自然に思えます。時と場所を共有していれば、それだけでも友だちだと思いがちです。こうした、一般には**区別**されていないものごとの中に相違点を見つけ、それを区別しようじゃないか、分けて考えようじゃないかと訴えるのが、主張というものの本質です。そして、そこには必ずといってよいほど、対比的な骨組みが存在します。それを明確につかみとり、言葉にする力。それが読解力、すなわち「読んで理解する力」「読んで分かる力」そのものであると言えるでしょう。

●ポイント——文章を読み始める前に、「よし、分けるぞ」と身構えよ。

【「わかる」のいろいろ】

「分かる」刀で二つに分ける。

「解る」刀で牛の角をばらばらにする。

「判る」刀で半分にする（右側が立刀）。

「別れる」骨を刀で切り分ける（左側は骨の意）。

理解、分解、分析、区別、判別。いずれも、「分ける」が基本の意味なのです。

鉄則5（心構え）

読解には二つある。一、本文の読解。二、設問の読解。

文章読解問題において、「本文」を正確に読み解くのは当然だ。

しかし、読み解くべき対象がもう一つある。

それは、「設問」だ。〈問1〉〈問2〉……といった、問いのことである。

本文は、作者・筆者が書いている。

一方、設問は、出題者が書いている。

読解問題とは、出題者との対話である。設問を正確に読まなければ、どんなに本文を正確に読めたとしても、点数には結びつかない。

設問を正確に読み解き、どの「武器」を取り出せばよいのかを特定する。

それによって初めて、答える準備が整うのである（114ページ以降、必読）。

☑言いかえる力　☑記述式　☑説明的文章
☑くらべる力　☑非記述式　☑文学的文章
☑たどる力

【1】 **仮想設問1・2を読み、それぞれの問いが何を要求しているのかについて考えました。その内容として最もふさわしいものを、それぞれ選びなさい。**

〈仮想設問1〉

――部「全員が賛成したとはいえ、メンバーの間には温度差があった」とありますが、「温度差があった」とはどういうことですか。

ア　メンバー間の考えに「温度差」が生じている理由を書くことを要求していると考える。

イ　具体的な比喩表現である「温度差」を、抽象化して説明することを要求していると考える。

ウ　読み手がこれまでに体験した「温度差」について、具体例を挙げながら説明することを要求していると考える。

〈仮想設問2〉

――部「あのときとは違う心情が芽生え始めた」とありますが、これはどういうことですか。物語全体をふまえて、説明しなさい。

ア　――部は、「あのとき」とくらべて心情が変化したことを伝える部分だから、その変化の前後の様子を対比的に説明しながら物語全体を要約するような答案を要求していると考える。

イ　どのような心情が芽生え始めたのかについて、比喩を用いるなどしてイメージをふくらませながら説明することを要求していると考える。

ウ　物語全体を読んでどんな心情が芽生えたかを説明しながら、感想を述べることを要求していると考える。

エ　――部で述べられている心情変化の前後で、どのような心理的共通点があったのかについて、物語全体をふまえて考え、まとめることを要求していると考える。

【解説】

〈仮想設問1〉の答えは、イ。〈仮想設問2〉の答えは、アです。

読解問題における主要な設問は、次の三つに分類されます（114ページ以降、参照）。

①「どういうことか」――「言いかえる」設問（同等関係の整理が要求されている）

「どういう意味か」「分かりやすく説明せよ」等も同じです。

よく見られるのは、比喩的表現に傍線が引かれ、「どういうことか」と問われるパターンです（詳しくは鉄則15で述べます）。比喩は、「読み手・聞き手がイメージしやすくなるように」という意図で使われるため、そのほとんどが具体的です。それを抽象化することを要求するのが、この設問パターンです。

〈仮想設問1〉の「温度差」もその一つです。この問いの場合は、「一見同じようでありながらも、個々の考えに微妙な違いがあったということ」などと抽象化することが求められています。

「何の例か」「何をたとえたものか」なども、このパターンの仲間です。

なお、逆に具体化を要求する場合は、「どういうことか、具体的に説明せよ」などと

【全体をふまえて、とは？】

〈仮想設問2〉は、「どういうことか」と問われていますから、基本的には「言いかえる」問題です。「違う心情」という抽象的な表現の意味を、具体的に説明することを要求しています。

ただし、人物のセリフを引用して「　」つきで説明したり、振る舞いを詳細に書いたりするようなレベルにまで具体化する必要はありません。

たとえば、「友だちづくりに対して後ろ向きだった気持ちが、前向きに変わった」「挑戦して失敗したことに対して恥ずかしかった気持ちが、誇らしい気持ちに変わった」などといったレベルで書くのです。

「物語全体をふまえて」という要求は、このような対比的変化の説明を求めるものです。部分

明示される傾向にあります。

②「どう違うか」――「くらべる」設問（対比関係の整理が要求されている）

「違いを説明せよ」「相違点を述べよ」等も同じです。

説明的文章であれ文学的文章であれ、「違い」と言われたら「対比関係」を瞬時にイメージすることが大切です。特に、〈仮想設問2〉のような、文学的文章における問いの場合は、「対比的変化」を問われているものと思ってよいでしょう（詳しくは鉄則8で述べます）。

③「なぜか」――「たどる」設問（因果関係の整理が要求されている）

「どうしてか」「理由を説明せよ」「根拠を述べよ」等も同じです。

詳しくは鉄則19、20で述べます。文学的文章の場合は、肝心な部分（言動の理由等）が明示されていないことが多いため、自ら補っていく必要があります。

鉄則に示す「設問の読解」とは、この①〜③をいつも頭におきながら設問と向き合う

的に見れば「後ろ向き」だった主人公が、全体的に見れば「前向き」に変わっている。そういう変化をとらえよという指示なのです。

ということを意味します。

端的に言うならば、「この問いはどんな関係を整理させようとしているのか?」と、自問することです。これが、スタートラインです。

さて、誤答をチェックしておきましょう。

〈仮想設問1〉
アについて。理由を問うのであれば、「『温度差があった』と言えるのはなぜか」「『温
『温度差』はなぜ生じたのか」などと問われるはずです。
ウについて。まず、「温度差」がそもそも具体的比喩であることから、「具体例を挙げる」、すなわち具体化をことさらに求めているとは考えづらい設問です。次に、「読み手がこれまでに体験した」が間違いです。もしそういう要求なのであれば、「あなたが体験した例を挙げて説明せよ」などと明示されるのが普通です。それがない以上、あくまでも本文に即した意味を言いかえることを求めていると読み取るべきです。

〈仮想設問2〉

イについて。「比喩を用いるなどしてイメージをふくらませながら」が間違いです。

この解釈は、たとえば、「気の抜けた炭酸飲料に炭酸が戻ってくるかのように元気がわ

【設問を先に読むべきか?】

設問を重視するあまり、本文を読む前に設問を厳密に読むというのは、おすすめできません。細部を問う設問に気を取られ、文章の全体像を見失う可能性があるからです。また、抜き出し式の設問があった場合、その答えを探すことに気を取られてしまう可能性もあります。

設問を先に見るとしても、設問の量をつかむためにざっと眺める程度にしましょう。

いた」などというように、本文にはまったく書かれていない比喩で説明することを求めている――といった設問読解のしかたです。しかし、もし出題者に本当にそういう意図があるのであれば、〈仮想設問1〉のウと同様、「あなたなりの比喩を用いて」などと明確に指示されますから、それがない以上は、やはり本文に即して答えるのだと理解すべきです。

ウについて。「読んでどんな心情が芽生えたか」というのは、読者の心情（感想）の話になってしまっています。これもイと同様、明示されない限り、あり得ません。

エについて。「共通点」が間違いです。――部は、「違う心情」について書かれています。違い、すなわち相違点を述べるべきなのです。共通点では正反対です。

さて、ここまで、設問読解の重要性について述べました。つけ加えると、模試等では「模範解答」も読解対象になります。設問同様、関係性に注目して読むのです。本文を読解し、設問を読解し、模範解答も読解する。それでこそ模試が役立つというものです。

114～125ページでは、鉄則5についてより詳しく述べています。必読です。

●ポイント――自問せよ。「この問いはどんな関係を整理させようとしているのか？」

鉄則6

隠された対比関係を見つけ出せ。それが、読解の第一の作業だ。

「分かる」とは、「分ける」ことである（鉄則4）。
分けるとは、対比関係を見つけることである。
そのためには、次の二つが欠かせない。

①反対語を覚えること。
②反対語を意識的に使うこと。

②は、要するに**本文中に隠された反対語を引き出す**ということである。
書き手は、反対語を反対語のまま使っているとは限らない。片方だけ言いかえたり、両方とも言いかえたりしている可能性がある。それを見つけ出すこと。

それが、反対語を意識的に使って読むということである。

- [x] 言いかえる力
- [x] くらべる力
- [ ] たどる力
- [x] 記述式
- [x] 非記述式
- [x] 説明的文章
- [x] 文学的文章

【1】 例にならって、文章に隠された反対語（対比の観点）を考えなさい。

〈例〉彼は、けがをしているにもかかわらず、試合に出る気満々だった。一方で、けがも何もない僕はと言えば、負けるイメージしか持てず気が引けているのだった。
↓ 彼は（ 積極的だ ）が、僕は（ 消極的だ ）。

① 十円玉はどんな形か、と問われたら、多くの人は「まるい形」と答えるだろう。「長方形」と答える人は、どれだけいるだろうか。それは、真横から見た十円玉である。ものごとは、一つの決まった見方だけで考えをやめてしまうことなく、様々な別の角度からも考えてみることが大切なのである。
↓ ものごとは、（ ）な見方ではなく、（ ）な見方をすることが大切である。

② 「ろうそくの火を消した理由」とは言えるが、「ろうそくの火を消した原因」とは言いづらい。一方、「ろうそくの火が消えた原因」なら、違和感はない。原因という言葉は、「起こしたこと」よりも「起きたこと」に対して使われやすいと言えるだろう。
↓ 「理由」は（ 的）に、「原因」は（ 的）に使われやすい傾向がある。

③ カナミは、毎晩酔って帰宅する父の姿しか知らなかった。近所に住む友だちに、「昨日もお父さん遅かったね」などと言われると、返す言葉も見つからなかった。しかし、ある日の午後、街中で偶然見かけた働く父の姿は、まるで別人だった。その日も帰りは遅かったが、遅くまで働いていた父を、むしろ友だちに自慢したくなった。
↓ 夜の父を見ながら感じていた（ ）が、昼の父を見てからは、（ ）に変わった。

［解説］

解答例は次のとおりです。

① ものごとは、一様な見方ではなく、多様な見方をすることが大切である。

② 「理由」は主観的に、「原因」は客観的に使われやすい傾向がある。

③ 夜の父を見ながら感じていた恥ずかしさが、昼の父を見てからは、誇らしさに変わった。

①は、「一面的・多面的」などでもよいでしょう。

①〜③のいずれも、すぐには思い浮かばなかったはずです。言葉というものは、使い慣れていなければ決して出てきません。

それぞれの考え方は、たとえば次のようになります。

① 一つの決まった見方 ⟷ 様々な別の角度からの見方

「一つの」を「一様な」に言いかえ、「様々な」を「多様な」に言いかえました。

「一」「様」といった漢字に注目することで、反対語が浮かんでくる場合があります。

けたいものです。

漢字は、一字だけでも意味があります。いつも、一つひとつの漢字に注目する習慣をつ

② 誰かが火を消した ←→ 火が消えた

誰かが起こした ←→ 何かが起きた

この問題はかなり難しかったかもしれませんが、右のように「誰かが」「何かが」を補って整理するのが突破口です。

「誰か」とは、簡単に言えば主語（動作の主体）です。

この「主」という一字をきっかけに、「主観」という言葉を、頭の引き出しから取り出します。ほぼ同時に、「客観」も取り出します。

あるいは、こう考えます——「消した理由」は「意見」に近く、人それぞれの主観的なものだが、「消えた原因」は「事実」に近く、多くの人が納得する客観的なものだ。

「意見」と「事実」も、反対語と言ってよい組み合わせです。

なお、本文は、「理由と原因の違い」を述べているというより、「原因」という言葉の性質だけを伝えているようにも読めます。今回は、問いがあるため「違い」に目が向き

ますが、問いがなければ、「理由」についてはあまり考えなかったかもしれません。

しかし、あらゆる主張は対比構造を持っていますから、それでは不十分です。

対比的に考えるときは、文中であまり強調されていないほうについても同時に考えてみる。これが、「くらべる力」を身につけるための一つのポイントです。

③　返す言葉も見つからなかった　↔　自慢したくなった

このままでは、対比とは言えません。こういうときは、どちらか分かりやすいほうを生かして考えていきます。ここでは、「自慢したい」を生かします。自慢の反対語は何でしょうか。少し難しいですね。では、自慢の類義語はないでしょうか。ここで、「誇らしい」という言葉が浮かべば、その反対語である「恥ずかしい」も浮かぶでしょう。

もちろん、酔って毎晩遅くなる父を友だちに見られたときの心情として、すぐに「恥ずかしい」が浮かぶかもしれません。そのときは、それをもとにして、「誇らしい」を確定することができます。

いずれにせよ、言葉そのものを知っていて、使いこなす経験を積んでいないと、すぐには浮かんできません。

そこで、重要度の高い反対語リストを示しておきます。活用してください。

覚えておきたい反対語

模倣←→独創	生産←→消費
一様←→多様	必然←→偶然
絶対←→相対	主観←→客観
目的←→手段	単純←→複雑
空間←→時間	静←→動
尊敬←→軽蔑	自然←→人工
外的←→内的	形式←→内容
量←→質	名目←→実質
自由←→束縛	権利←→義務
頭←→心	理性←→感情
体←→心	肉体←→精神
物←→心	物質←→精神
未知←→既知	直接←→間接
公的←→私的	全体←→部分
利益←→損失	集団←→個人
自発←→強制	普通←→特別
積極←→消極	一般←→特殊
能動←→受動	抽象←→具体

囲みの中は関連の深い言葉

囲まれた言葉は、それぞれつなげて覚えておく必要があります。

たとえば、「普通はこう思うだろうけど、個人的にはこう思う」などという文が出てきたときに、「普通」と「個人」に目が留まらなければなりません。この二語は反対語ではありませんが、実質的には反対語として使われているのです。

●ポイント――反対語は単なる〝知識〟ではない。読解における最強の武器だ。

鉄則7

対比関係二つのポイント。一、バランス。二、観点の統一。

ア は、 1 (な)ため、 A だが、
イ は、 2 (な)ため、 B である。

これが、対比の型で記述答案を作る際の〝黄金パターン〟である。
AとBは通常、互いに反対語になるか、片方が片方の否定表現になる。

反対語(例)………勝つ ←→ 負ける
否定表現(例)……勝つ ←→ 勝たない

バランス
①パーツの数(ア・1・A、イ・2・Bなら三つずつ)
②抽象度(例…「勝ち」←→「良くない結果」は後者が抽象的)

観点の統一
例…「勝つ」←→「苦しむ」では観点が違い、対比にならない。

☑言いかえる力 ☑記述式 ☑説明的文章
☑くらべる力 □非記述式 ☑文学的文章
□たどる力

【1】次の文章を読み、あとの問いに答えなさい。

私は日本人である。だから、日本人を否定するような文章を読むと、当然、つらい気持ちになる。おまけに、日本人はどうも自らを否定するのが好きなようで、それもまた、気持ちを暗くさせる。

とはいえ、次のような言い分には、一定の正しさを感じざるを得ない。ああ、たしかにそうかもなあ、と思うのである。

「西洋人は、ひとと違うことを恐れない。相手との関係をよくしたいと思うからこそ、相手ととことん議論する。その中で、相手との意見の違いがはっきり浮かび上がってくる場面も多々あるが、そのつど感情的になったりはしない。その分だけ、新しいステップへと進める可能性も高くなる。

ところが、日本人は、相手と意見の違いが生じると、そのことにためらいを覚える。違っていることから目をそらし、まあそうかもしれないね、などと相手に同調し、無理に自分の意見を曲げ、笑顔をつくる。感情に流されてしまう。そういう関わり方をしていると、建設的に議論できないことが多い」

〈問い〉紹介されている文章が示す「日本人と西洋人の違い」について、次のように要約しました。この文をより分かりやすくするため、前半の――部を修正します。「バランス」「観点の統一」を意識して、どこをどう直せばよいか、答えなさい。

「西洋人は、相手と意見の違いが浮かんでもとことん議論できるが、日本人は、相手と意見の違いが生じると感情に流されるため、建設的に議論できないことが多い」

【解説】

答えは、「相手と意見の違いが生じても感情に流されないため、建設的に議論できることが多い」などとなります。後半を、単純に反対にしただけです。

正しい要約文は、次のようになります。

「西洋人は、／相手と意見の違いが生じても／感情に流されないため、／建設的に議論できることが多いが、／日本人は、／相手と意見の違いが生じると／感情に流されるため、／建設的に議論できないことが多い」

こうしてみると、**天秤に乗せたような、鏡に映したような対比**になっていることが分かります。対比の接続語「が」をはさんで、それぞれの「パーツの数」は四つずつ。いずれのパーツも、片方が抽象的すぎる・具体的すぎるといったことはありません。よって、「パーツの数のバランス」「抽象度のバランス」は整っています。また、「対比の観点」もきれいに統一されています。

それに対して、問いに示されていた誤答例（修正前の文）はどうでしょうか。

「西洋人は、／①相手と意見の違いが浮かんでも／②とことん議論できるが、／

【ふくしま式200字メソッド】

今回の鉄則に示した型は、ふくしま式200字メソッドの型の一部（始めの二文）です。

〈200字メソッド〉

アは**1**（な）ため**A**である。
しかし、**イ**は**2**（な）ため**B**である。
だから、**ア**よりも**イ**のほうが**C**であると言える。

二つのことがら（アとイ）についてくらべずに、一つのことがら（ア）についてだけ述べる場合もあります。その場合、たとえば次のようになります。

アは**1**の点では**A**である。
しかし、**2**の点では**B**である。
だから、**C**であると言える。

あるいは、もっと単純な形も

日本人は、／①相手と意見の違いが生じると／☆感情に流されるため、／②建設的に議論できないことが多い」

まず、☆のパーツが前半にありません。前半の①と②の間に、「感情に流されないため」と書くべきです。また、②の観点が異なります。前半は「とことん議論できる」、つまり議論の「量」の観点ですが、後半は「建設的に議論できない」、つまり議論の「質」の観点です。よって、誤答例は、「パーツの数のバランス」と「観点の統一」において、対比関係が乱れていると言えます。

では、「抽象度」の乱れは、どう直すのでしょうか。少し練習します。

次の文の――部の「抽象度」を、前半に合わせて修正します。

「今日は半袖でちょうどよい気温だが、昨日は気温一九度ほどだった」

答えは、たとえば「長袖がほしくなる気温」などとなります。もし前半を後半に合わせるのなら、「気温二四度」などとなります。「半袖・長袖」は、寒暑をやや抽象的に表していますが、数値のほうは具体的です。これが、「抽象度のバランス」です。

●ポイント――「天秤に乗せたような対比」「鏡に映したような対比」を目指すこと。

ありますす。

アは、AではなくBである。

いずれにせよ、「1と2」「AとB」について、バランスを整え、観点を統一するよう、心がける必要があるのです。

【観点の統一】

より統一された観点になっているのは次のどちらでしょうか。
①「好きな教科⟷苦手な教科」
②「好きな教科⟷嫌いな教科」

明らかに②ですね。しかし、うっかりすると①のように観点がズレてしまうものです。

読むときは、ズレた対比の中に隠された共通の観点を見抜き、書くときは、観点がズレないように書く。これが肝心です。

鉄則8

ストーリー全体の「対比的心情変化」を整理せよ。

物語・小説では、主人公の心情や人間関係の対比的変化をつかむことが、何より重要である。

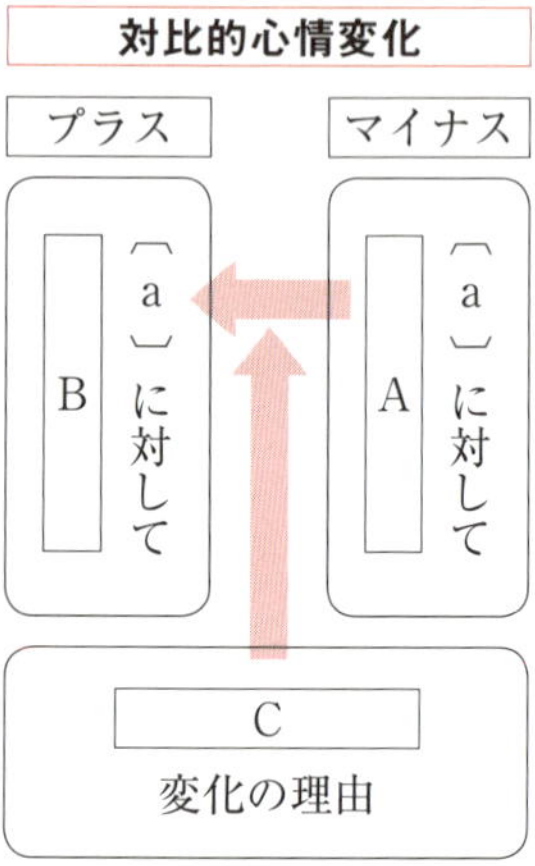

たとえば次のようになる。

〔大会出場〕に対して

A 自信を失っていた主人公が、

C 友だちとともにつらい練習を乗り越えたことによって、

(〔大会出場〕に対しての)

B 自信を取り戻した。

【aに対してAだった主人公が、CによってBに変わる話】と整理せよ。

- ☑ 言いかえる力
- ☑ くらべる力
- ☑ たどる力
- ☑ 記述式
- ☐ 非記述式
- ☐ 説明的文章
- ☑ 文学的文章

【1】 次の文章を読み、あとの問いに答えなさい。

朝、始業前の教室。アヤコは、近くの席にたむろして話すマユミたちの会話を耳にして、ドキッとした。

「ねぇねぇ、友だちの数って、やっぱり多いほうがいいよね。あたし、だいたい九人だよ。サチコは？」

「うーん。八人かな。一人負けちゃった。……アヤコは？」

急に振られたアヤコは戸惑った。マユミやサチコとも、一緒に遊ぶことはある。でも、仲良し、という感じにはちょっと足りない。本当に仲良しと思える子は、一人しかいなかった。幼なじみのユリだ。

「私は……七人かな」

アヤコは、そう答えた自分を後ろめたく思いながら、軽く笑顔を返した。マユミとサチコが「へーけっこう多いんだ」などと言っているうちに授業が始まった。

中休みになると、隣のクラスのユリが、いつものように廊下からアヤコに手招きしてきた。

「アヤ、一緒に遊ぼう」

アヤコは廊下まで行ったが、黙ったまま、ユリの隣を通り過ぎた。ユリを少し押しのけたようにも見えた。

ユリは驚いて、その場にしばらく立ち尽くしていたが、アヤコが廊下を曲がり見えなくなると、心配そうな顔をしながらも、しかたなく自分の教室へ戻って行った。

その日の夜。

アヤコは、何をするでもなく自分の部屋で机につくと、心の中でつぶやいた。（友だちがユリ一人だなんて、言えないよ……それに、ユリって、本当に私の友だちなのかな。マユミは？　サチコは？　……本当の友だちって、何なのかな。昔からよく遊んでただけで、友だち？　一緒に学校で遊ぶだけで、友だち？　……）

いろいろと考えているうちに、アヤコはいつのまにか、机に顔を伏せたまま眠ってしまった。

明くる朝、いつもの暑さで目が覚めた。

「あっ、今日はプールの日だった！」

アヤコは、あわてて準備をして、朝ご飯も食べずに学校へと走った。

プールでは、今度参加する全校水泳大会の練習が行われた。アヤコたちは、自由形のリレーに出るのだ。

マユミもサチコも別々のチームだったが、アヤコとユリは、たまたま同じチームだった。

「ヨーイ」……バン！

ピストルの合図で、レースがスタートした。アヤコはアンカーだった。ところが、いつもは泳ぎの速いアヤコが、今日は水を飲み込んでしまい、なんと、途中で立ってしまったのだ。

なんとかゴールしたアヤコのところへ、ユリが、まだ息を切らせながらも、笑顔で近づいて来た。

「アヤコ、ドンマイ！　体調、悪いんじゃない？　一緒に休もうよ」

しばらくの間、ユリは、プールサイドでアヤコと一緒に座っていた。お互い、何を話したわけでもない。しかし、アヤコは、昨日の夜のモヤモヤした気持ちがほぐれていくのを、感じていた。そのモヤモヤを、ユリと半分ずつ分け合って軽くなったような、そんな感じがした。

（やっぱり、ユリは、大切な友だちだよね……）

そして、いよいよ水泳大会の日。

アヤコたちのチームは、見事に優勝した。

アヤコとユリは、手を取り合って喜んだ。喜びが二倍になったような、そんな感じがした。

アヤコは思った。

（一緒にいると、嫌なことが半分になる。うれしいことは二倍になる。そういうのが、本当の友だちかもね。ユリ、私は、ユリ一人さえいれば満足だよ。これからも、よろしく）

〈問1〉

「ユリを少し押しのけたようにも見えた」ときと、「アヤコとユリは、手を取り合って喜んだ」ときとでは、アヤコの心情は変化しています。どのように変化したのか、変化の理由も含めて、詳しく説明しなさい。

〈問2〉

この話全体から読み取ることのできる「主題」について考えます。次の文の空欄を埋めなさい。

この話は、「本当の友だちというのは、（　　　　）ではなく（　　　　）だ」というメッセージを伝えていると考えられる。

使いこなしたい「心情語」

《プラスの心情》

安心　親近感　好感　同情　共感
感謝　受け入れる　許す
落ち着き　意欲的　強気　前向き
夢中　誇らしい　自慢　素直
率直　ひたむき　願い　望み
希望　期待　尊敬　敬意
信頼　信じる　確信

《マイナスの心情》

不安　心配　気がかり　迷い　心苦しい
罪悪感　寂しい　孤独感　疎外感　あせり
恥ずかしい　情けない　やりきれない
無気力　残念　気が滅入る　悔しい
後ろめたい　不機嫌　不満　不愉快
反感　嫌悪感　憎しみ　いら立ち　怒り
やり場のない怒り　疑い　不信感　ねたみ

《その他の心情》

驚き　あきれる
意外に思う
不思議
うらやましい
興奮　感動

【解説】

〈問1〉の答えは、次のようになります。

「友だちが一人しかいないことに対して後ろめたい気持ちだったが、そのたった一人の友だちのユリと失敗や成功の体験を分かち合うことで『本当の友だちとは何か』を理解したことをとおして、前向きになった」。

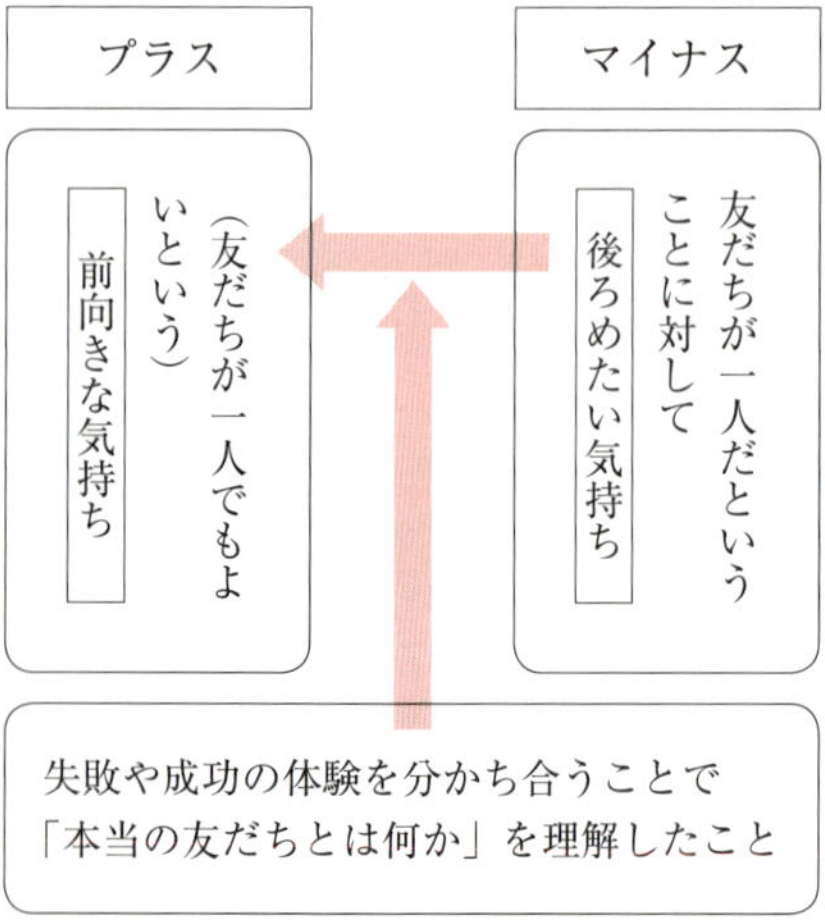

　このような記述は難しいと思うかもしれませんが、上記の「対比的心情変化」の型に沿って考えれば、さほど苦労することはありません。

〈問2〉は、たとえば、次のようになります（――部が答え）。

「本当の友だちというのは、数ではなく質だ」。「本当の友だちというのは、形だけつながっていればよいというものではなく、心でつながるべきものだ」。

【対比的変化】
98ページも参照のこと。

【心情の補足説明】
「〔a〕に対して」の部分は、「〜に対して」としなくてもかまいません。また、Bの直前の「〔a〕に対して」は、Aの直前の「〔a〕に対して」とくらべて上記のように変化することもありますし、省略したほうが書きやすい場合もあります。
「〔a〕に対して」は、A・Bという心情に関する具体的補足説明であるととらえるとよいでしょう。

いずれの問いも、実は「抽象化力」（言いかえる力）が大切です。

ただし、単に抽象化するのではなく、対比的に抽象化する必要があります。〈問1〉における「後ろめたい（後ろ向き）」「前向き」といった**図形的なとらえ方**は、心情を抽象化する際に役立ちます（鉄則10参照）。ただし、問いによっては、もう少し意味を絞り込んで答えたほうがよい場合もあります。そのときは、49ページに掲載したような心情語から、適切な語を選んで用いるとよいでしょう。たとえば、今回のストーリーならば、友だちというものに対する「迷い」が晴れた、といったとらえ方ができるはずです。

〈問2〉では、「数↔質（量↔質）」「形↔心（形式↔内容）」といった反対語が、その骨組みになっていることに注目してください。こういった抽象的な反対語（または否定表現）に言いかえていくことが、主題をとらえるために不可欠なプロセスなのです。

対比的心情変化の型は、今すぐ練習できます。今日ここまでの時間における、あなた自身の「心情変化」を探し、言葉にしてみればよいのです。さあ、やってみましょう。

●ポイント――反対語・否定表現を意識的に用いて、話の全体像を整理せよ。

【理想的な読み方とは】

マイナスからプラスへの対比的変化という型に当てはめられないようなストーリー展開の話も、もちろん存在します。しかし、「当てはめられない」ということに気づくにも、まずは「当てはめてみる」ということが必要なのです。

なお、テスト以外の場で小説・物語を読む際には、骨組みだけではなく肉づけを丁寧に読む姿勢を、忘れないでください。時間をかけてじっくり読むということが、「読書」の本質です。「読解テスト」は乗り越えねばならない壁ですが、それがいつも「読み」の理想像であるというわけではないのです。

鉄則9

「ひとことで言うと？」を口ぐせにせよ。

ひとことで**「名詞化」**することが、理解の入り口である。

①「去年、妹が帽子を買ってくれた。それを今日、初めてかぶった」
↓「それ」とは何か。ひとことで言うと、「帽子」だ。

②「仲間はずれにされているような感じを受けた」
↓ひとことで言うと、「疎外感」だ。

③「昨日は最高気温が一八度だったが、今日は二五度だ」
↓ひとことで言うと、「違い」の話だ（もしふたことで言えば、「最高気温の違い」となる）。

読解問題では、こういった「名詞化」が、強力な武器となる。

☑言いかえる力　☑記述式　☑説明的文章
□くらべる力　□非記述式　☑文学的文章
□たどる力

【1】 **次の文章を読み、あとの問いに答えなさい。**

人間と他の多くの動物とをくらべたとき、大きな違いの一つとして挙げられるのは、時間と空間を超越する想像力の有無についてであろう。

多くの動物は、「獲物はいつ頃現れるか」「捕まえたい獲物がどこにいるのか」などということを〝考えて〟行動することはない。いわば、「今・ここ」のことに反応するだけだ。ところが人間は、「今・ここ」を離れ、過去と未来あるいは目に見えない場所を想像することができる。

この人間の能力は、「自己を離れる」ことにも通じている。私たちは、自分自身のことを忘れ、他者のことを考えることができる。それは、「今・ここ」を超える力の一部であると言えよう。

しかし、こういった力があるがゆえに、私たちは苦悩を味わうことにもなる。終わったはずの失敗を忘れられず悩み、まだ得られていない成果を皮算用して失敗し、あるいは、遠方に住む友だちのことを心配し、未来のわが子の人生について考えすぎて誤った判断をしてしまう。すべては、「今・ここ」を離れてイメージを自由にふくらませる力の存在ゆえである。

私たちは、日々の苦悩から解き放たれるために、ときには意識的に「今・ここ」の中に閉じこもる必要があるのかもしれない。

〈問い〉「『今・ここ』の中に閉じこもる必要がある」とありますが、なぜそう言えるのですか。その理由を説明した次の文の空欄を埋めるのにふさわしい一三字の部分を、本文中から抜き出しなさい。なお、記号・符号なども一字に数えます。

［　　　　　　　　　　　　　］の存在が、苦悩の原因になるから。

【解説】

答えは、「時間と空間を超越する想像力」となります。

この問いに正解すること自体は、比較的簡単だったかもしれません。しかし、問われている箇所と抜き出すべき部分が離れているという点では、やや難しい構造であると言えるでしょう。

また、似たような意味を持つ表現が何度か繰り返されているため、「ある部分の字数を数えてみる→指定字数に合わず他を当たる→また数える→また合わない」ということを繰り返すうちに、時間を浪費してしまう可能性があります。抜き出し問題では、よくあるパターンです。

しかし、「ひとことで言うと？」を口癖にさえしていれば、最大限、時間を節約できるはずです。

問われている――部の直前に、「すべては、『今・ここ』を離れてイメージを自由にふくらませる力の存在ゆえである」とあります。通常、まずここに注目するでしょう。特に、「イメージを自由にふくらませる力」の部分が、答えに入りそうです。しかし、字数オーバーです。そこで問うのです。「ひとことで言うと？」と。その答えは、「想像力」。

【意識して名詞化する】

名詞は、文の主語になることができます。「昨日は最高気温が一八度だったが、今日は二五度だ」という文を「違い」あるいは「差」などと名詞化することで、次の文へとスムーズに展開できるようになります。

たとえば、「昨日は最高気温が一八度だったが、今日は二五度だ。ずいぶんと違いがある」。「昨日は最高気温が一八度だったが、今日は二五度だ。差が大きい」。

このように、私たちは実は当たり前のように名詞化を行っているのです。

これを意識的に「武器」として使えるようにしようというのが、この鉄則です。

想像力という言葉を探すと、冒頭の段落に出ています。そして、そこに書かれている「時間と空間」は、「今・ここ」と同じ意味です。字数を数えると、ぴったり。これで、めでたく答えにたどり着いたわけです。

ひとことで言いかえるパターンには、いくつかあります（①〜③は、52ページの番号）。

①は、指示語をひとことで置きかえるパターンです。「帽子↓買ってくれた帽子↓妹が買ってくれた帽子↓去年、妹が買ってくれた帽子」というように、下から上へと言葉を積み上げるのが、指示語問題のコツです。

②は、抽象化して表現自体を変換するパターンです。このためには、ある程度の言葉の知識（語彙力）が必要です。

③は、接続関係をもとにして文の意味を抽象化するパターンです。ここでは、対比関係の「が」に注目しています。対比関係はいつも「違い」を表すためにあるので、必然的に「違い」となるわけです。

いずれも、「ひとことで言うと？」という問いかけが突破口になります。

●ポイント——抜き出し問題も指示語問題も、まず「ひとこと」で答えてみよ。

【和語と漢語】

「情に薄い」と言えば比喩的な印象がありますが、「薄情」と言えば抽象的な印象があります。

和語（主に訓読み言葉）になると比喩的・具体的になり、漢語（主に音読み言葉）になると抽象的になる傾向があるのです。

ひとことで言いかえる際、和語で表現された長めの部分を短い漢語に言いかえるというケースもよくありますから、覚えておくとよいでしょう。

もちろん、本文中で「薄情」と書かれていたものが、選択肢では「情に薄い」などと言いかえられていることもあります。

和語と漢語、いずれからの言いかえもできるのがベストです。

鉄則10

表現に迷ったら、「図形的比喩」で言いかえよ。

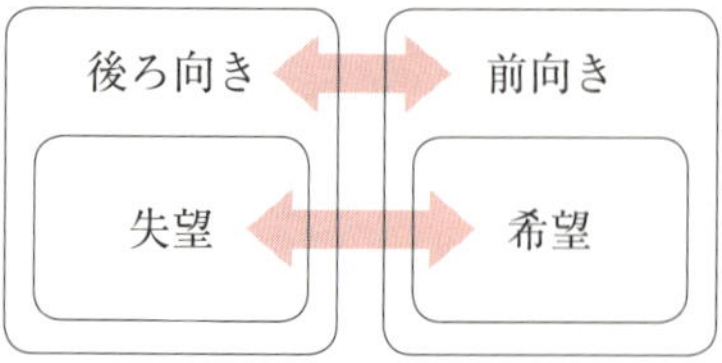

私たちは知らず知らずのうちに、「図形的比喩」に頼ってものごとを考えている（比喩……たとえのこと）。

大・小／高・低／長・短／前・後／上・下／内・外
厚・薄／太・細／遠・近／深・浅／表・裏／広・狭

こうした図形的（視覚的）比喩表現に頼らずして考えるということは不可能であると言ってもよい。

文学的文章の読解記述問題で「希望↔失望」という言葉が浮かばなくても、「前向き↔後ろ向き」という言葉に言いかえれば、意味を説明することができる（やや意味は広がるが）。この技術を、いつも意識しておこう。

- [x] 言いかえる力
- [x] 記述式
- [x] 説明的文章
- [x] くらべる力
- [x] 非記述式
- [x] 文学的文章
- [ ] たどる力

【1】次の文章を読み、あとの問いに答えなさい。

① 兄のケンジは、鉄道が好きだった。電車の写真を眺めるのも好きだったし、地方の路線の駅名を丸暗記したり、複雑な路線図を覚えて自分で模造紙に再現したりといった、普通なら何の役にも立たないと思えるようなことに、夢中だった。そんなケンジの影響を受けて、弟のシュンジも、いつの間にか鉄道に詳しくなっていた。しかし、ケンジが全寮制の高校に入り家の中にいなくなって半年がたった今、シュンジはだんだんと、鉄道について考えなくなった。あの電車漬けの日々に、どんな意味があったんだろう……シュンジはぼんやりと考えていた。

〈問い〉――部におけるシュンジの心情を次のように説明しましたが、……部の表現があまり適切ではありません。図形的比喩を用いて言いかえなさい。

鉄道のことがどうでもよくなったことで、兄と過ごした日々の価値が分からなくなっている。

② 中学生は、自分が他人からどう見られているかが気になる年頃だ。しかし、そんなあなたに言いたい。「あなたが気にしているほど、他人はあなたのことを気にしていませんよ」。みんな自分のことで頭が一杯なのであれば、あなたが気にしている「あの人」も、自身のことで頭が一杯だ。だから、あなたのことなど気にしてはいない。

むしろこうしてはどうだろう。今日一日、とことん他人のために尽くすことで、自分のことを忘れてみては。

〈問い〉筆者の主張を、図形的比喩を用いてまとめます。意味が対になる漢字一字を（　）に入れなさい。

（　）にばかり目を向けず、（　）に目を向けよう。

【解説】

①の答えは、「鉄道から遠ざかったことで」などとなります。

②の答えは、「(内)にばかり目を向けず、(外)に目を向けよう」などとなります。

①は、「鉄道への関心が薄らいだことで」などでもよいでしょう。「遠い」も「薄い」も、図形的(視覚的)比喩です。

②は、「自分」の内側ばかりに目を向けず、外側にいる「他人」に目を向けようという意味です。この「内・外」も、やはり同様に比喩です。

みなさんにとっては、「言われてみればたしかに比喩だが、今まで比喩だと意識したことがなかった」というのが、正直なところでしょう。

そもそも、「授業中」「けんか中」などといった場合の「中」も、もとをただせば物理的な位置を示す言葉ですから、実は図形的比喩です。また、「調子が上がる」「下調べをする」などと言うときの「上下」も同様で、もともとは物理的位置を示す言葉であり、やはり比喩なのです。

日常で何気なく使っているこうした比喩を、意識的に使えるようにすること。

これによって、読解記述問題の解答力はかなり向上するはずです。

同様の例は、ほかにも多々あります。

人を許す気持ち、寛容さ、おおらかさ……心が広い
やさしい、思いやりがある……情に厚い
すぐ怒ったり、いらいらしたりする……気が短い・短気
臆病……気が小さい
優れている点……長所
少しのことでは動揺しない……図太い
尊敬する……見上げる
軽蔑する……見下す・見下げる

このように、数え上げればきりがありません。

ほかにも、「中心人物」「骨太の方針」「理解を深める」等々、意識すれば、面白いくらいに図形的比喩が見つかります。

こうしたことに対する毎日の意識が、そのまま、読解力向上につながるのです。

●ポイント――図形的（視覚的）比喩表現への意識を、いつも高めておこう。

鉄則11

「述語」こそが文の意味を支えている。

「亀は遅い。しかし、兎は速い」（亀は遅いが、兎は速い※）。

この文の主張（価値判断）は「遅い・速い」という述語にある。

※「が」でつなぐと正確には「速い」だけが述語となるが、ここでは前半・後半それぞれに述語があるものとして考える。

「ア は A だが、イ は B」


これが、対比関係の基本の型である（鉄則7参照）。

A・Bすなわち述語（述部・文末）には、主張を支えるためのやや抽象的な反対語・否定表現が入ることが多い。

記述答案を作る際は、このことを常に意識しておく必要がある。

- [ ] 言いかえる力
- [x] くらべる力
- [ ] たどる力
- [x] 記述式
- [x] 非記述式
- [x] 説明的文章
- [x] 文学的文章

【1】 次の文章を読み、あとの問いに答えなさい（①〜⑤は段落番号）。

①テレビで得られる情報とネット（インターネット）で得られる情報との違いは、どこにあるのだろうか。

②テレビは、いわゆるマス・メディアの代表格である。マスすなわち大衆が興味を引く話題を優先して放送する。その結果、専門性の高い情報や、一部の人々しか興味を持たないような特殊な情報については、その多くがカットされる。番組が制作される時点で既に、少数の興味には応えないことが前提となっているのだ。一方、ネットでは、アクセス数の多いトピックスを目立たせるような仕組みはあるものの、少しその気になって検索するなどすれば、専門性・特殊性のある情報にも素早くたどり着ける。

③この、「その気になって」というところが大切だ。テレビにもネットにも情報はあふれているが、テレビは誰かによって既に整えられた情報が流れている場である。一方のネットは、大小の真偽不明の情報が混在している場であり、それらの情報を取捨選択するのは自分だ。

④テレビでは、送り手であるテレビ局が責任を持って番組を流しているが、ネットでは、一部の公的サイトを除けば、そうではない。個人による気ままな発言が散在する。その真偽を確かめる責任を負うのは、受け手側だ。

⑤とはいえ、公的な意図による編集を受けていないのが、ネットの情報のよさである。その分だけ、ネットの情報は一次情報としての価値を持つ。組織の意図のもと編集された情報ではなく、生々しい情報が得られるのだ。

〈問い〉 テレビとネットにおける情報のあり方の違いについて、段落④の内容を六五字以内で要約しなさい。

【解説】

答えは、次のようになります。

テレビでは、情報の真偽を確かめる責任を負うのは送り手側だが、ネットでは、情報の真偽を確かめる責任を負うのは受け手側である。（六一字）

この問いではまず、

・「違い」を問われている！
・対比関係だ！
・「［ア］は［A］だが、［イ］は［B］」の型（武器）を取り出せ！

という思考回路を瞬時に働かせなければなりません。せいぜい二秒以内です。

アとイは、もちろん「テレビ」「ネット」です。

AとBは、「責任が送り手にある」「責任が受け手にある」といったところです。

これで、もうほとんど答えは完成しています。

段落④は、「送り手・受け手」という反対語が本文中に明示されており、「責任」という共通の観点も明確ですから、分かりやすかったはずです。とはいえ、少し気を抜くとこんな文を作ってしまいます。「テレビでは、送り手が責任を持って番組を流しているが、

【無責任が許される？】
本文のメッセージには、やや逆説的なところがあります。一見すると、ネットでは（送り手は）無責任な情報発信が許されるという意味にも受け取れますが、そういう意味ではありません。現状として、無責任な情報発信があとを絶たないので、むしろ情報の受け手のほうが真偽を確かめる責任を負うしかない、というメッセージを伝えているのです。

ネットでは、情報の真偽を確かめる責任を負うのは、受け手側だ」。分かりづらいですね。

その原因は、「述語（述部・文末）」を対比にするという意識の不足です。

述語（[A]・[B]）を対比にすることによってこそ、対比関係が構築されるのです。

日本語の文の意味を支えるのは述語です。このことを、よく覚えておきましょう。

さて、各段落を要約する場合に不可欠となる観点（反対語）を整理しておきます。

テレビ……	多数	一般	受動	他者	送り手に責任	公的	編集済	二次情報
	⟷	⟷	⟷	⟷	⟷	⟷	⟷	⟷
ネット……	少数	特殊	能動	自己	受け手に責任	私的	未編集	一次情報

これをもとに段落⑤を要約すると、「テレビでは、公的に編集された二次情報しか得られないが、ネットでは、未編集の私的な一次情報を得られる」などとなります（……部は、読みやすいように語順を入れ替えています）。ここでも、「二次情報しか得られない／一次情報を得られる」という「述部」が核となっています。さらに、そこに修飾部を対比で積み上げることにより、違いが明確になっているわけです。

●ポイント――二文を対比させるには、それぞれの述語（述部・文末）を対比させよ。

【一次情報・二次情報】
たとえば、タレントが自らツイッターで発言するのが一次情報、そこに整理や解釈を加え編集したものがテレビで発せられたとき、それが二次情報です。

鉄則12

世の主張という主張は、「逆説」の構造を持っている。

逆説……一見、おかしなこと・矛盾したこと・非常識なことを言っているように思えることがらでも、実はそれぞれに納得できる（否定しにくい）理由・根拠があり、それが世の中の真実の一面を言い当てているような表現のこと。

「失敗は成功のもと」「負けるが勝ち」「急がば回れ」といったことわざが、その代表格である。

書き手は、二つの理由で逆説を投げかける。

① 世の中をよりよくするには、**常識に疑問を呈する**ことが不可欠だから。

② 読み手を引きつけるためには、意外性が不可欠だから。

これらを意識すると、文章をスムーズに理解することができるようになる。

- [ ] 言いかえる力
- [x] くらべる力
- [x] たどる力
- [x] 記述式
- [x] 非記述式
- [x] 説明的文章
- [ ] 文学的文章

【1】 **次の文章を読み、あとの問いに答えなさい（この文章は鉄則20でも使います）。**

電車内などで若者が老人に席を譲る光景は、今や珍しくなくなった。そのように思いやりを持った若者の存在は、それを見かけた周囲の人々の心をも明るくしてくれる。

ある日、そんな思いを友人に話していたとき、その友人は不意にこんなことを言い出した。

「いや、老人には席を譲らないほうが親切なんだよ」

けげんな顔をする私に向かって、彼は、次のように話した。

ひと昔前までは、電車内などで老人に席を譲るのが当たり前だった。しかし、最近では、席を譲っても拒まれることが多くなった。同じことを繰り返すうちに、分かってきたことがある。それは、席を譲ることが老人のプライドを傷つけているということだ。席を譲るというのは、「あなたは老人に見えます」というメッセージを送っているようなものだからだ。平均寿命も延び、定年後も新しい仕事に就くような人が増えてきた昨今、彼らは、自分はまだまだ若いと思っているのだ。

そういう気持ちを推し測ってあげることこそが、本当の親切なのではないか。

その説明を聞いて、私は納得せずにはいられなかった。

〈問1〉 筆者の友人が「老人には席を譲らないほうが親切だ」と主張する理由を、七〇字以内で説明しなさい。

〈問2〉 この例のように、世間では「常識」と思われている価値観をひっくり返すような「逆説」を一つ挙げなさい。そう主張できる理由も分かるように説明すること。

【解説】

〈問1〉の答えは、次のようになります（〈問2〉の解答例は脚注を参照）。

席を譲られることでプライドを傷つけられたような気持ちになる老人が増えており、そういう気持ちを推し測ることこそが本当の親切だと考えているから。（七〇字）

席を譲ることは、「老人に見える」と言っているようなものだ

かつ

自分はまだ若いというプライドを持った老人が増えている

だから →

ア　席を譲られることでプライドを傷つけられたような気持ちになる老人が増えている

かつ

イ　相手の気持ちを推し測るのが親切というものだ

だから →

ウ　老人には席を譲らないほうが親切だと言える

☆

【〈問2〉の解答例】

「幼い子が困っていても、手を貸さないほうがよい」

幼い子が転んで泣いていたりすると、つい助けてあげたくなるが、手を貸すことで、本人が自力で問題を解決する機会を奪うことになってしまうかもしれないため、幼い子が困っていたとしても安易に手を貸すべきではない。

鉄則22も参照のこと。

〈問1〉は「たどる」設問ですが、ア→イ→ウという単純な一直線ではありません。これは、「むすんでたどる」型です（鉄則20参照）。☆の範囲で言うと、ウの理由はアだけでもイだけでもダメで、ア・イの両方が必要です。アだけを答えにしてしまうケースが多いはずですが、イを忘れてはいけません（鉄則19参照）。アとイの結び合わせ方は、「アでありイだから」とするのが無難です（解答例では「増えており、……」の部分）。「アのためイだから」とするとアとイの関係が変わってしまうため、注意が必要です。なお、七〇字では☆より右の内容を入れるのは難しいため、そこはカットします。

さて、この文章の構造は、次のようになっています。

【常識の提示】――まず、読み手が共感できそうな常識的価値観を示す。
【逆説の提示】――次に、その常識をくつがえすような、逆の価値観を示す。
【理由の提示】――読み手がその逆説に納得できるだけの根拠・理由を示す。

このように、冒頭が「常識」で始まる逆説的な論説文が多いのです。冒頭を読んだ時点で、「この価値観はあとから逆転するのではないか」と考える必要があるわけです。

●ポイント――逆説の理由を問う設問が圧倒的に多いことを知っておこう。

【なぜ逆説的主張が多いのか？】

もし今回の文章が、「老人には席を譲ろう」という主張だったら、どうでしょう。読みたくなりますか？　常識的すぎて、また、いかにもお説教めいていて、読みたくありませんね。文章を相手に読んでもらうためにも、まず意外な結論を読み手にぶつけ、「え？　なぜ？」と思わせるのです。そこから、読み手は常識に疑問を持てるようになります。よりよい社会を築くには、こういうプロセスが不可欠であり、だからこそ逆説的主張が多くなるのです。

鉄則13

「定義」にマークし、「定義」を使え。

「Aとは、Bである」（主語タイプの定義）
「B。それがAである」（述語タイプの定義）
見つけたら、□で囲む！

これらの形によって「A」の意味を定めた文が、「定義の文」である。この「A」が文章のテーマである場合、そこに設問の答えがあることが多い。

〈例〉「観察とは、事実をありのままに見つめることである」（主語タイプ）
「事実をありのままに見つめること。それが観察である」（述語タイプ）

「Aとは」は、「Aというのは」「Aというものは」「Aということは」などの場合もある。「Aは」だけの場合もあるが、Aの示すものが具体的である場合、定義ではないことが多い（たとえば、「食事は」と「みそ汁は」では、前者のほうが定義として機能し、後者は機能していないことが多い）。

- [x] 言いかえる力
- [x] くらべる力
- [x] たどる力
- [x] 記述式
- [ ] 非記述式
- [x] 説明的文章
- [ ] 文学的文章

【1】 次の文章を読み、あとの問いに答えなさい。

以前、このような主張に出くわしたことがある。

考えるということは、知ることとは別ものである。考えるというのは、自分から何かを生み出すプロセスであり、他人に与えられた知識を頭に詰め込んで満足している状態とは違う。さあ、知ることばかり求めていないで、もっと考えるようにしよう――そういう主張だ。

しかし、知るということ、あるいは知識というものは、本当にその程度のものなのだろうか。

たとえば、日本以外の国の名前を全く知らない人がいるとする。彼にとっては、アメリカもフランスも中国もインドも〝存在しない〟ことになる。彼にとって存在するのは、「外国」だけだ。

外国の名を「知らない」彼は、外国について「考える」ことができるだろうか。外国について考えるには、アメリカはこうだが中国はこう、というように、個別具体的な知識が不可欠だ。具体例を知っているからこそ、抽象化した「外国」なるものについて考えることができる。

名前というのは、その対象を他と区別するためにある。知識も同じだ。知識の識は、識別の識である。アメリカや中国の名を知ることで初めて、それらを区別・識別することができる。そして、それら区別された対象の共通点・相違点を探り、アメリカや中国という対象をより一般化し「外国」について考えるために、知識は役立つ。

知ることは、考えることと別のプロセスにあるのではない。両者はつながっている。考えるということの前提にあるもの。それが、知識なのである。むしろ、知らなければ、考えることなどできないと言ってもよいわけだ。

〈問い〉 筆者は、知識とはどのようなものだと述べていますか。七五字以内で説明しなさい。

【解説】

答えは、次のようになります。

知識とは、それによって区別された対象の共通点・相違点を探り、対象をより一般化して考えるために役立つものであり、考えることの前提にあるものである。（七二字）

名前というのは、その対象を他と区別するためにある。知識も同じだ。知識の識は、識別の識である。アメリカや中国の名を知ることで初めて、それらを区別・識別することができる。そして、それら区別された対象の共通点・相違点を探り、アメリカや中国という対象をより一般化し「外国」について考えるために、知識は役立つ。

知ることは、考えることと別のプロセスにあるのではない。両者はつながっている。考えるということの前提にあるもの。それが、知識なのである。

まず、上記のように□で囲んであることが大切。これがスタートラインです。その上で、それぞれの定義の内容（——部）を、意味が通じるように組み合わせていきます。

難しそうな記述問題も、こうやって考えれば、すっきりとまとめることができるわけです。

「定義」を活用することの価値は、絶大ですね。

【定義の基本パターン】

よくあるのは、対比を含むパターンです。

① 「Aとは、□ではなく、□である」

② 「Aとは、□ではない。□。それがAである」

たとえばこういう文です。

① 「テストとは、現状を断罪するためのものではなく、現状を踏まえて未来に進むための足掛かりなのである」

② 「テストとは、現状を断罪するためのものではない。現状を踏まえて未来に進むための足掛かりとなるもの。それがテストである」

あらためて、考えるステップを確認します。

この〈問い〉は、「どのようなものか」と問うています。この時点で、「言いかえる力」が武器になるぞ、と判断します（鉄則5参照）。では、抽象化問題か、具体化問題か。

この場合、「知識」というものの意味を抽象的にまとめる問いであると判断します（もし具体化問題であるならば、「具体的にはどのようなものか」などと指示されるのが普通です）。抽象化ですから、「アメリカや中国という」「『外国』について」などといった具体例の部分をカットしながら、定義を組み合わせていくわけです。

もともと、定義というものは具体例を含まないものです。定義というのは、いわば辞書を引いたときに出てくる「意味」です。辞書にはもう一つ、「用例」が載っています。これが、具体例です。抽象化問題の場合、その答えに活用すべきは具体例ではなく辞書的意味のほうです。

なお、読解問題の本文に出てくる定義は、辞書的意味とは言っても、筆者独自の解釈が加わっていることがほとんどです。設問は、その解釈をこそ、問うてくるわけです。

●ポイント——「定義」にこそ、説明的文章の答えがある。まずマーク。そして活用。

【テーマを見抜け！】

定義の箇所を効率よく見つけるためには、その文章がいったい何について書かれた文章なのかを知ることが優先です。

今回は「知識（知ること）」でした。

こういう内容は、本文の最後に書かれた出典（本のタイトルと著者名）の部分を見ると分かる場合があるので、その都度忘れずにチェックする必要があります。「生態系の危機」というタイトルなら、間違いなく、生態系がテーマです。そこで、「生態系とは」などという部分をマークしながら読めばよいのです。

まず出典を見よ！

これも、覚えておきましょう。

鉄則14

「も」にマークせよ。それが具体例だ。

いろいろな動物を見た。〈抽象〉 パン
たとえば、ゴリラを見た。〈具体〉 具
ライオンも見た。〈具体〉 具
クジャクも見た。〈具体〉 具
つまり、いろいろな動物を見たのだ。〈抽象〉 パン

文章の基本は
サンドイッチ型
である。

「パン※」つまり〈抽象〉の部分に傍線が引かれ、「この部分の具体例を抜き出せ」などと問われたとき、「たとえば」のみでなく、「も」がヒントになることが多い。「も」にマークしておくことで、具体例を見つけやすくなるのだ。

※「パン」はいつも冒頭・末尾にあるとは限らず、「具」の間に随時挟まることも多い。

☑言いかえる力　☑記述式　☑説明的文章
☐くらべる力　☐非記述式　☐文学的文章
☐たどる力

【1】 次の文章を読み、あとの問いに答えなさい。

スピード化は、私たちの生活の質を向上させるカギである。そのメリットにはどのようなものがあるだろうか。まず、時間的余裕が得られる。ファーストフード店は、多忙な現代人の心強い味方だ。企業には、金銭的利益も入る。自動改札やATMなどによって処理速度が上がり、客が増え、人件費は減る。経済的だ。スピード化は私たちに快適さも与えてくれる。レジがスピード化されたスーパーでは、人々のイライラが軽減される。人の心のつながりを増やすというメリットもある。インターネットによる通信手段のスピード化は、時を選ばずして一度に多数の人々と連絡を取り合うことを可能にした。

しかし、デメリットも忘れてはならない。先に述べたことと矛盾するようだが、スピード化は人々の時間的余裕を失わせる。自動化のシステムが止まれば、人間が直接対応する場合の数倍の時間を、復旧までに要することがある。レジよりそろばん、改札機よりハサミ、メールより手紙のほうが速いことがあるわけだ。また、ひとたびシステムが乱れれば被害は甚大だ。つまり、スピード化が企業の金銭的利益を奪う結果にもなる。スピード化は快適さをも奪う。ファーストフード店では、テーブルが汚れたままになっているなどして不快なことがある。スピード化が人の心のつながりを減らすこともある。自動化によって人の介在が減る以上、やむを得ない。

こうしてみると、スピード化は両刃の剣であることが分かる。どちらの「刃」も、認識しておきたいものだ。

〈問い〉 本文では、スピード化のメリット・デメリットが四つの観点に整理して挙げられています。第一の観点は「時間的余裕」です。他の観点を、それぞれ五字前後で答えなさい。

【解説】

答えは次のようになります。

第二の観点は金銭的利益。第三の観点は快適さ。第四の観点は人の心のつながり。

答えを出すこと自体は、簡単だったはずです。

ここで慣れてほしかったのは、具体例の「も」にマークするということです。次のそれぞれの「も」に、マークできたでしょうか。

（メリット）

第二の観点……上段	本文四行目	金銭的利益も
第三の観点……上段	本文七行目	快適さも
第四の観点……上段	本文九行目	増やすというメリットも

（デメリット）

第二の観点……下段	本文五行目	金銭的利益を奪う結果にも
第三の観点……下段	本文六行目	快適さをも奪う
第四の観点……下段	本文八行目	減らすことも

【なぜ「も」だけで分かる？】

「も」がついている時点で、それ以外にも他の例があることが想定できます。

たとえば、「みかんも食べた」とあるだけで、その前に「バナナを食べた」というような例があったであろうことが想定できるのです。「バナナを食べた」こと、「みかんを食べた」こと、このそれぞれが別々の主張であることは考えにくく、それらを抽象化した「果物を食べた」が主張（最も言いたいこと）であると考えることができるわけです。

「シュートを外したりもした」とあれば、ほかに「パスをし損ねた」などといった例が想定されます。結局、「プレイに失敗した」という抽象的メッセージがあるのではないか、と考えら

しかし、実はもう一つあります。

それは、上段後ろから三行目の、「デメリットも」です。

これに気がつくと、文章全体が次のような構造になっていることが分かります。


〈抽象〉←…………………→〈具体〉

スピード化の特徴
- メリット　時間・金銭も・快適さも・心も
- デメリットも　時間・金銭も・快適さも・心も

この文章は、スピード化の全体像を伝えるのが主旨であり、メリット・デメリットはその具体例だったということです。

「も」にマークすることによって〈具体〉を浮き上がらせるこの方法に慣れておくと、「……について具体的に述べている部分を○○字以内で抜き出しなさい」といった設問にも素早く対応できるようになります。

●ポイント――「も」にマークすることは、具体化問題の対策になる。

れるわけです。

ただし、次のような「も」は働きが異なるため、念のため覚えておきましょう。

「どこも混んでいて入れない」

「それは考えもしなかった」

「精一杯がんばるも、成果は出なかった」

とはいえ、具体例が並べられているときの「も」を見分けるのは、決して難しいことではありませんから、十分活用できる技術であると言えます。

一読した段階であらかじめ「も」にマークしておくことで、抜き出し問題などにおけるスピードアップが期待できます。

意識的に活用しましょう。

鉄則15

比喩は〈具体〉である。まず、抽象化せよ。

《言いかえ問題　三つのパターン》

〈具体〉　猿も木から落ちる

比喩

〈抽象〉　名人でも失敗する

〈具体〉　イチローでも三振する

①「『猿も木から落ちる』とあるが、これはどういうことか。説明せよ」

②「『猿も木から落ちる』とあるが、これと同じことを述べた例を次から選べ」

③「『名人でも失敗する』とあるが、それを比喩的に述べた箇所を本文から抜き出せ」

①の答えは「名人でも失敗するということ」。②の答えは「イチローでも三振する」（出題者が作った選択肢に見立てている）。③の答えは「猿も木から落ちる」。

- [x] 言いかえる力
- [ ] くらべる力
- [ ] たどる力
- [x] 記述式
- [x] 非記述式
- [x] 説明的文章
- [x] 文学的文章

【1】 次の文章を読み、あとの問いに答えなさい。

私たちが本を読んで心を動かされるのは、何か新しい知見を得られ、視野が広がる瞬間である。しかし、その「新しい知見」は、全くの未知から生まれるわけではない。見たことも聞いたこともないことがらばかりが出てくる本というのは、なかなか心に届かない。投げ出したくなることもある。あくまでも、読み手がこれまでに経験してきた既知のこと、しかし同時にあまり整理して考えてこなかったことを土壌として、そこから新しい芽が生えるとき、その種となるのが、その本に書かれた言葉であり、文章なのだろう。

子育てをしながら、どのように子どもと関わればよいか混乱し始めた母親が、あるとき一冊の「育児本」を手にした。ページをめくると、「ああ、あるある。こういう場面、あったなあ」と思う。そして、「そうか、あのときの私の行動は、半分は正しかったんだな。でも、こうすればもっとよかったんだな。なるほど」と、ひざを打つ。

あるいは、学生が、これまで勉強してきたある学説について、それと正反対の主張を持つ本と出会う。反感を覚えつつも、実は自らが心の奥にしまいこんでいた疑問と重なる部分があったことに気づき、ページをめくる手が加速する。相反する主張をどうとらえればよいのか、自らの思考・判断が試される。そうやって、気づかぬうちに土壌から芽が生え、枝が伸び、葉が茂る。

種となる本に出あうために、図書館へ、書店へ、足を運ぼう。それが、私たちの思考の森を豊かにするのだ。

〈問1〉 ――部「新しい知見」を「　」でくくっているのは何のためですか。説明しなさい。

〈問2〉 ――部「種となる本」とは、どういうものですか。八〇字前後で説明しなさい。

【解説】

答えは、次のようになります。

〈問1〉ここで言う新しい知見は、既知をもとにして生み出されるものであり、純粋な意味で新しいとは言えないということを表現するため。

〈問2〉読み手がこれまでに経験してきた既知のこと、しかし同時にあまり整理して考えてこなかったことをもとにして、そこから新しい考え方が生み出されるとき、そのきっかけとなるもの。（八三字）

〈問1〉のように、〈Aと「A」の違い〉を考えさせる設問は、実はかなり出題頻度の高い問いです。なぜ「　」があるのかと直接問うよりも、「　」のついた語句の意味を言いかえさせる問いが目立ちます。たとえば、次のア・イの意味の違いはどこにあるのでしょうか。

ア　その料理の味は、蒸すことで生まれた。
イ　その料理の「味」は、蒸すことで生まれた。

アは、純粋に味（甘さなどの味覚）を意味しているととらえるのが自然ですが、イは、「味わい」すなわち「個性」を意味しているととらえることができます。

【まずイメージを絵にする】

「種」をもとに「小さい」「始まり」などとイメージしていくうちに、「きっかけ」などの言葉が浮かべば、合格です。比喩の言いかえ問題では、まずその具体的なイメージを頭の中で（または紙の上で実際に）絵にしてみることです。それが、言葉を引き出すためのヒントになります。

【「いわば」に要注意】

「いわば」という言葉は、比喩的表現への言いかえによってメッセージを短くまとめる際に用いられます。

〈例〉

本に出てきた言葉の意味が分からず、辞書を何冊も調べていたのだが、ふと見るとその本の注釈の欄に意味が書かれていた。いわば、灯台下暗しだ。

Aの本来の意味とは異なる意味でAという言葉を使うとき、書き手はそれを「　」でくくり、「A」と表現するのです（もちろん、単にその語を強調したいときや、単に前後の言葉と切り離して読みやすくしたいときなどにも、「　」でくくることがあります）。

〈問2〉は、「種」という比喩を抽象化させる問いです。

まずは、「あ、これは比喩の言いかえ問題だな。抽象化すればいいんだな」と気づくこと。これが正解への第一歩となります。

右ページの解答例はほとんど本文のままですが、「土壌として」を「もとにして」に、「新しい芽が生える」を「新しい考え方が生み出される」に、それぞれ言いかえています。「考え方」は、ものの見方、価値観などでもよいでしょう。なぜ「土壌」「芽」という言葉を使わないのでしょうか。答えは簡単です。これも、「種」と同じく比喩だからです。

比喩の言いかえ問題では、比喩を残さないようにする。これが原則です。突き詰めると「生み出される」も比喩ですが、これは「土壌」「芽」のような比喩的意図（分かりやすくするためにたとえを使うという意図）が少ないため、許容範囲です。

●**ポイント**――「比喩の言いかえ問題だ」と気づくことが第一歩。

このように、「いわば」の直後に比喩が来て、そこが問われることが多々あります。そのときは、迷わず抽象化を意識しましょう。

「灯台下暗し（とうだいもとくらし）」とは、灯台（昔の室内照明器具）の真下が暗いことから、「身近なことは意外と分かりづらい」という意味を持ちます。この辞書的意味に当たる内容が、抽象化の答えになるわけです。

ことわざ・慣用句でなくとも、「辞書的に言いかえる」という意識を持つと、抽象化しやすくなるはずです。

なお、「いわば」の代わりに、「言うなれば」「言ってみれば」「たとえるなら」「いわゆる」などの言葉が使われることもあります。

鉄則16

傍線部がパーツに分けられるなら、パーツごとに言いかえよ。

	パーツ1	パーツ2	パーツ3	パーツ4
〈具体〉	一石	二鳥		
〈抽象〉	一つの行動で	二つの利益を	同時に	手に入れる

たとえば、「一石二鳥とはどういうことか」と問われたら、右のように分けて考える。比喩的表現には意味が凝縮されているため、パーツ3・4のように、省略されている部分があることもある。これを、本文をもとにして補いながら考えていく。これが、——部（傍線部）を言いかえる設問の鉄則である。——部がパーツ（部分）に区切れるならば、確実に役立つ技術だ。

☑言いかえる力　☑記述式　☑説明的文章
□くらべる力　☑非記述式　☑文学的文章
□たどる力

【1】 次の文章を読み、あとの問いに答えなさい。

「病は気から」と言う。しかし、体が不調のときに「病は気からだよ」と言われても、気は休まらない。むしろ、もやもやとした不安が残り、病がつのる。

また、肩や首が痛いとき、「ストレスのせいだよ、もっと気を楽に持って」などと言われても、気を楽に持つことはできない。痛いものは痛いのだ、と思ってしまう。

そのとき役立つのは、「名づけ」である。たとえば、首・肩の痛みについて、医師から「それは頸肩腕症候群だね」などと小難しい病名を言われたとする。とたんに、どこか安心してしまう。そうか、自分の痛みは病気なんだ。治療対象なんだ。

名づけによって、ものごとは区別される。「単なる気のせい」と、「れっきとした病気」との間に、境界ができる。その境界によって、私たちは安心する。

これが、名づけの効能である。

ある日、私は、胃の内視鏡検査をした。通常なら有効なはずの処方薬をしばらく飲み続けても改善していない胃痛を調べるため、あえて普段とは別のクリニックに出向き、検査を受けたのだ。潰瘍か、はたまたガンか。入院・手術も覚悟して出向いたのだが、結果は、「まったくきれいな胃です」。粘膜になんの炎症もないという。

じゃあ、なぜ痛みが続くのか。

ここで、普通なら「気のせいです」「ストレスのせいです」となるのだろう。私自身、医師の口からその言葉が出るものと直観した。

しかし、医師はこう言った。

「FDですね。ファンクショナル・ディスペプシア」

なんだかカッコイイじゃないか。調べてみると、機能性胃腸症と訳すらしいが、カタカナのほうが響きがいい。いかにも病気らしい。

この瞬間、自分の症状は「れっきとした病気」で、治療対象なんだという意識が生まれた。

そして、この「ＦＤ」に適用される薬が、つい最近、日本で生まれたらしい。世界初なんだとか。

病名がある。それに対応した薬もある。

まさに、「境界線が引かれた」感覚だ。

病気というものの多くは、こうして生まれる。

昨今、テレビＣＭで「○○は病気です」という宣言を耳にすることが多いが、これもその一種だと言えよう。

それは、もちろん一面では私たちを不安にさせるが、別の面では安心させる。何しろ、「○○病」という名づけによって、得体の知れないものの正体が明らかになった気がするわけだから。

いわば、病気は「ある」ものではなく、「なる」ものなのだ。そして実は、これこそが「病は気から」という言葉の本質なのではないだろうか。「気」とは、名づけによって変動する心理を意味しているということだ。

この話は、他のどんな名づけにも当てはまる。

道端の草花を見て「この花、何て名前だろう？」と考えるのも、夜空の星を見上げて「あの星の名前、何だろう？」と考えるのも、同じことだ。

人は、名づけないと不安なのである。

名づけたとき、初めてそこに対象の存在が生じる。

名づけのない世界は、狭い。だから、不安になる。

名づけることで、世界は広がる。

それが、人々の心を安らかに、豊かにする。

そういうわけだ。

〈問1〉――部「病気は『ある』ものではなく、『なる』ものなのだ」とありますが、これはどういうことですか。最もふさわしいものを次のア～エから選びなさい。

ア　病気は、「気のせい」か「れっきとした病気」かというような区別がもとからあるものではなく、病名がつくことによって初めて固有の病気として区別されるようになるものだということ。

イ　病気は、他の病気と区別された状態で最初から存在するものではなく、もともと区別することのできない得体の知れない存在であるということ。

ウ　病気は、「気のせい」か「れっきとした病気」かを区切るような境界線を引くことによって生まれるものではなく、個人個人の身体が持つ性質によって必然的に生まれるものであるということ。

エ　病気は、名づけられる前であっても、その症状が治療対象であることを認識することができるものとして存在しているが、名づけられることによってよりいっそう他の病気との境界線が明確になり、区別されるようになるものだということ。

〈問２〉――部「名づけることで世界は広がる。それが、人々の心を安らかに、豊かにする」とありますが、これを具体例で示したとき、ふさわしくないものを次のア～ウから一つ選びなさい。

ア　社会的にまだ少数派である「育児に積極的な男性」が、「イクメン」と名づけられることによって存在感を増し、社会に認められるようになる。

イ　「嬉しい」「楽しい」「面白い」などといった言葉を総合し、「良い」と表現することによって、あらゆるプラスのできごとを表現できるようになり、安心する。

ウ　平安時代、室町時代、江戸時代などと名づけることで時代を相互に比較できるようになり、歴史に対する理解が深まり、それが豊かな未来を生む要因となる。

【解説】

〈問1〉の答えはア、〈問2〉の答えはイです。〈問1〉は「どういうことか」と問われており、——部が「いわば」のあとにあることから、比喩的表現を抽象化する設問であることが分かります（鉄則5、15参照）。また、この——部はパーツに区切ることができます。そこで、本文（——部を含む）と選択肢との同等関係を、パーツごとにチェックします（左図①〜④は解説用の番号）（③は、鉄則21に従い自ら考えた部分）。

	パーツ1	パーツ2	パーツ3	パーツ4
本文 ①——部	病気は	「ある」ものではなく		「なる」（もの）
本文 ②直前利用	病気は		こうして（境界線によって）	生まれる
			名づけによって	明らかになる
③抽象化	病気は		名づけ（境界線）によって	明確になる
④選択肢ア	病気は	区別がもとからあるものではなく	病名がつくことによって	区別されるようになる（もの）

こうすると、アが一致していることが分かります。イは、前半（パーツ1・2）は一

【パーツに区切れない？】

「——部『逆説的』とあるが、これはどういうことか」などと、単語レベルの短い部分が問われることがあります。この場合、——部をそのままパーツ分けすることはできません。とはいえ、「逆説」という言葉には、「AがBと逆である」といった意味合いがあるわけで、結局はA・Bに分けることが必要になります。このように多くの——部は、不足した語を補うことで、パーツ分けすることが可能になります。

【省略されたパーツ】

「一石二鳥」の例と同じく、〈問1〉の——部も、省略された「パーツ3」があります。パーツ4の理由に当たる部分です。これを補いながら考える必要があります。また、上表のパーツ

致していますが、後半（パーツ3・4）は一致しません。ウは、前半で既にパーツ3・4の意味を否定してしまっていますし、後半は本文に書かれていません。エは、後半はパーツ3・4と一致していますが、前半は、「名づける前でも認識（＝区別）できる」という意味になっており、一致しません。

〈問2〉も言いかえる設問ですが、今度は具体化です。同様にパーツで考えます。「名づけることで／世界は広がる（人々の心を安らかに、豊かにする）」との同等関係を考えます。アは、「『イクメン』と名づけられることによって／存在感を増し、認められる」。ウは、「〜時代などと名づけることで／比較でき理解が深まり豊かな未来を生む」。「比較」「理解」は、「区別」と類似した表現です（鉄則4で述べた「分ける」ことと同じです）。ア・ウともに、前半・後半のパーツがそれぞれ一致しています。しかし、イは一致しません。前半のパーツに「総合する」とありますが、これは、名づけること、つまり境界線を引き区別することとは正反対の操作です。

本文や選択肢を感覚的に読むのではなく、パーツに分けながら読む癖をつけましょう。

●ポイント――**パーツに区切ってチェックすれば、ミスは確実に減る。**

2の空欄部分は、パーツ4をもとにして対比的に考えれば解決できます。「ではなく」という言葉で前後がつながっていることに気づいたら、その時点で「対比」を意識することが大切です。

【実際の区切り方】

テスト中などは、／（スラッシュ）を書き入れて文をパーツに分けながら考えていきます。表にする必要はありません。

【接続語で区切る！】

パーツは、関係性を示す言葉（接続語）の部分で切れます。多くは読点（、）のあるところで切れます。〈問1〉の場合は、「〜ではなく（対比関係）」「〜によって（因果関係）」、〈問2〉では「〜で（因果関係）」の部分が、主な切れ目になります。

鉄則17

接続語挿入問題では、前後の文の「述語」をくらべて考えよ。

接続語とは、その前後の関係性を明らかにする言葉である。

文と文、文と段落、段落と文、段落と段落。

接続語は、種々のものをつなぐ。しかし、最も多いのは、文と文である。たとえ段落と段落だとしても、それぞれの段落を一文に要約すれば、それは文と文をつなぐことになる。

文と文の関係を見抜くには、それぞれの文の要点を見抜く必要がある。

文の要点とは、まず述語である。述語（述部・文末）は、文の意味を支えている（鉄則11参照）。次に、述語を直接説明する（述語に直接つながっていく）言葉である。ここまで押さえれば、文の意味をつかむことができる。

- ☑ 言いかえる力
- ☑ くらべる力
- ☑ たどる力
- ☐ 記述式
- ☑ 非記述式
- ☑ 説明的文章
- ☐ 文学的文章

【1】次の文章を読み、あとの問いに答えなさい。

「新幹線はかなりの混雑だった」という表現より、「新幹線は乗車率が二〇〇パーセントだった」という表現のほうが、混雑ぶりは伝わりやすい。数値の効果だ。何らかの「程度」を表す場合、数値を使うと客観性が増すというのは常識だ。（①）、数値さえあればいつもメッセージが伝わりやすくなり、客観的に聞こえるようになるとは限らない。客観的に見える数値が、実は主観的意図に誘導された結果生じたものであるというようなケースも存在する。（②）、新聞で公表された世論調査が、自社の主張に近い結果が出るよう選択肢をたくみに設定した結果の数値ではないかと疑われる場合がある。ある調査項目について、その選択肢を賛成・反対の二つにすると、どちらとも決めていないような中間層の取り込みがしづらい。（③）、「条件つきで賛成」という選択肢を入れ、あるいは逆に「条件つきで反対」という選択肢を入れて、結果が自社の主張に少しでも近づくよう、中間層に働きかけるわけである。自社がその項目に賛成している場合は、「条件つきで賛成」を入れることになる。（④）、新聞社は誘導の存在を否定するだろう。しかし、情報の受け手としては、そういった誘導があるかもしれないという警戒心を失ってはいけない。

　こういった誘導は、新聞に限ったことではなく、あらゆるメディアにつきものである。世論調査に限らずあらゆる調査結果は、数値が入っているからという理由だけで安心してはならないものであると言えるだろう。

〈問い〉①～④に入る言葉を次の中からそれぞれ選び記号で答えなさい。同じ記号は一度しか使えません。

ア　つまり　　イ　しかし　　ウ　なぜなら

エ　そのため　　オ　たとえば　　カ　もちろん

【解説】

答えは、①イ、②オ、③エ、④カとなります。

出題者がこのような「接続語挿入問題」を出す目的は、たった一つです。

それは、文と文（段落と段落）の「関係」を読み解く力を試すという目的です。

そのために、関係が読み取りづらい箇所にあえて空所が作られるのです。関係が読み取りづらい箇所とは、前後の文の両方、または片方が長くなっている箇所です。一文が長いと、読み手は文の意味をとらえづらくなります。長い文は、短くする必要があります。そうでないと、関係をとらえることはできません。ですから、接続語挿入問題は要約力を試す問いであるとも言えます。

ただし、目的はあくまでも前後の文をくらべることですから、それぞれの文を別々に要約してからくらべるというよりも、前後の文の要点すなわち「述語（述部）」をくらべることを優先したほうが、効率よく関係性を判別できます。

たとえば、②（たとえば）の前後をチェックします。②の前の文の述語は、「存在する」。あとの文の述語は、「ある」。これだけでも同等関係が成立していますが、もう少し詳しい意味をとらえておくべきでしょう。そこで、さかのぼりながら情報を加えていきます。

【ひっかかりやすい例】

空所の前の文が、空所のあとの文の前半だけに接続する場合、ミスしやすくなります。

〈例〉

「彼女を任命したリーダーの責任は重い。（　　）、リーダーである彼は率先してその役目を降りたのだが、リーダーだけに責任を押しつけるのが正しいかどうか疑問が残る」。

前後の文の――部をくらべると空所には「しかし」が入りそうですが、実際に入れてみると違和感があります。こういうときは、空所のあとの文の前半だけが接続されていることがあります。

「彼女を任命したリーダーの責任は重い。（　　）、リーダーである彼は率先してその役目を降りたのだ」というところでカッ

「ケースも存在する」と「場合がある」。ここで言う「ケース」とは「場合」のことです。同等関係が分かりやすくなりました(今回はそれぞれの主語が加わった形です)。さらに、上にもう少し加えます。「どんなケース?」と自問します。「客観が主観の結果というようなケース」と自答します(反対語に注目して要約した形です)。すると、後半はそういうケースの具体例として新聞記事が挙げられているのだということが分かります。新聞の世論調査は「客観」の例、自社の主張が「主観」の例です。ここで、答えは「たとえば」だと分かるわけです。

　さて、次に③です。前の文の文末は「しづらい」。あとは「わけである」。これではよく分かりませんから、さかのぼりながら加えていきます。「中間層の取り込みがしづらい」と「中間層に働きかけるわけである」。これだけで、少なくとも同等関係や対比関係でないことが分かります。「中間層の取り込みがしづらい。だから、中間層に働きかける」と、因果関係で読むのが妥当です。「だから」の仲間は、エ「そのため」です。念のため、さらにさかのぼって情報を加えると、こうなります。「二択にすると中間層を取り込みづらい。だから、三択にして中間層に働きかける」。二択・三択というような解釈ができればもちろんそれは関係性を読む上で強みになりますが、それよりも効力を持つのは

トしてみると、「だから」のほうがふさわしいことに気づきます。文は、その途中に接続語※がある場合、そこで切ることができます(※鉄則18で示す文中接続語)。今回は、「が」がそれに当たります。このようなケースに気をつけるようにしましょう。

【さかのぼる、とは?】

　ここで言う「さかのぼる」というのは、正確には、「述語(述部)に直接結びつく言葉※を探す」ということです(※さらにその言葉に結びつく言葉も必要な場合があります)。

　もし「食べた」が述語なら、「何を・誰が・誰と」といった言葉を探します。すると、一文の要点が浮かび上がってくるのです。

述語（述部）だということを忘れないでください。

①と④は比較的簡単だったはずですが、つい①に「もちろん」を入れてしまったかもしれません。①は、「しかし」も「もちろん」も入りそうです。こういうときは保留にしておくというのが一つの技術です。①を保留にして④まで来たとき、ああ④は「もちろん」しか入らないな、じゃあ①は「しかし」だ、と分かるわけです。

①は、前の文の述語が「常識だ」。あとの文は「限らない」。これだけでは分からないため、少しさかのぼります。すると、前の文は「客観性が増すのが常識だ」、あとの文は「客観的に聞こえるとは限らない」となります。これは対比関係に近いな、と分かります。一方、④は、どう比較しても前後の文が対比にはなりません。

さて、次ページに示すのは、接続語一覧です。この中には、国文法（学校文法）の品詞分類上は接続詞と言えないものも含まれていますが、実質的には前後の文の接続の働きを持っていることから、「接続語」と名づけています。

接続語挿入問題では、選択肢を見る前に、まず関係性を考えます。次に、その関係性を示す接続語をイメージします。そのあと初めて、選択肢から選ぶ作業に入ります。そのためにも、接続語を覚える際は、「〇〇関係」とセットで覚える必要があります。

【一文が入ると変わる】

④の直前に次のような抽象化の文があると、逆接関係（8ページ参照）が成立し、「しかし」などが入り得るようになります。「このように、新聞といえども誘導が疑われるケースもあるのだ」。これによって、そこまでの内容がまとめられます。④のあとの文は、そのまとまりを受けて、「しかし、新聞社は誘導の存在を否定するだろう」と言っていることになります。こうなると、①との差がつきません。

とはいえ、④は直後に「しかし」が出てきます。④に「しかし」を入れると、「～しかし～しかし～」となり、いかにもシーソーのようなおかしな文になりますから、やはり「しかし」は入らないのです。

《接続語一覧（主に文頭で使われるもの）》（主に文中・文末で使われるものは鉄則18で紹介）

言いかえる接続語
—同等関係—
つまり
たとえば
このように
要するに
いわば
すなわち
言いかえれば

くらべる接続語
—対比関係—
しかし
それに対して
一方
だが／が
ところが
けれども
むしろ

たどる接続語
—因果関係—
原因→結果
だから
そのため
その結果
それで
したがって
よって

結果→原因
なぜなら
というのも
その理由は
きっかけは

その他の接続語
—並列関係—
また　または
しかも　そして
あるいは
—補足関係—
ただ　ただし
実は　なお

選択肢をなんとなく当てはめてみて、当てはまりそうなものを選ぶ、といった方法で解いているうちは、決して正解率は上がりません。まずは右の一覧を、覚えましょう。

●ポイント——まず述語（述部）に注目。次に、さかのぼる。そして、関係を見抜く。

そもそも、④は、「たしかにA。しかしB」のパターン（譲歩の型）です。Aに一歩譲っておいて、Bを主張します。「たしかに」の代わりに、「もちろん」「言うまでもなく」「実際」なども入ります。これを知っていれば、迷わず④に「もちろん」を入れることができたはずです。

【並列関係・補足関係】
並列関係・補足関係については10、11ページ参照。

鉄則18

役立つ接続語は、「文頭」よりも「文中」にある。

「**文頭**接続語」（文の初めにつくことの多い接続語）
……「たとえば」「しかし」「だから」「なぜなら」など

「**文中・文末**接続語」（文の途中や文の終わりにつくことの多い接続語）
……「という」「などの」「が」「ではなく」「よりも」「から」「ので」「ため」「のです」「のである」など

文頭接続語は、論理が明確になりすぎてゴツゴツした印象を与えるため、あまり使わない書き手が多い。省略されることもあり、使用頻度が低い。

一方、文中・文末接続語は、省略されにくく、使用頻度が高い。

☑言いかえる力　☑記述式　☑説明的文章
☑くらべる力　☑非記述式　☐文学的文章
☑たどる力

【1】次の各文中から、文の最初に指示された関係を表す言葉を例にならって一か所ずつ見つけ、囲みなさい。95ページの一覧表を参考にしてもかまいません。

（例）〈因果関係〉眠かったので、集中できなかった。

① 〈同等関係〉強風や大雨といった悪天候の場合は、試合は中止です。

② 〈対比関係〉今必要なのは、慎重さではなく決断力である。

③ 〈因果関係〉都会の夜空に星がたくさん見えた。停電で街が暗くなったのである。

④ 〈同等関係〉ピーマン、かぼちゃ、にんじんなどの緑黄色野菜を食べよう。

⑤ 〈対比関係〉状況を変えられるのは、ほかの誰でもない。自分自身だ。

【2】次の文章を読み、あとの問いに答えなさい。

占いの類は、あたかも自分だけの心理を言い当てているように聞こえるが、実は大多数の人に当てはまる心情を分類し、そこからいくつかを抽出しているにすぎない。あなたは今、これまで未経験とも言えるほどの不安を抱えているはずだが、こういう行動をとりさえすれば、その不安から解放され新境地が開けるに違いない、などといった誰にでも生じ得る心情変化を語る。占いを受けるほうもそういうことは薄々分かっているのだが、占いを積極的に受けようとする人はもともとどこかに迷いを持っている人なので、その自分の迷いを振り払って背中を押してくれる占いの存在に、価値を見出すわけだ。

〈問い〉――部「そういうこと」とは、どういうことですか。五〇字以内で説明しなさい。

【解説】

答えは、次のようになります。

【1】①といった　②ではなく　③のである　④などの　⑤でもない

【2】占いというものが、自分のみではなく、大多数の人に生じ得る心情変化を語っているだけだということ。（四七字）

【2】は、次のように考えます。まず、指示語問題では直前を見るのが鉄則です。直前とは、「（占いの類は、）こういう行動をとりさえすれば、その不安から解放され新境地が開けるに違いない、などといった誰にでも生じ得る心情変化を語る」。この部分の文中接続語「などといった」の前は〈具体〉、あとは〈抽象〉です。五〇字ですから、具体例をカットしなければ書けないでしょう。そこで、「占いの類は、誰にでも生じ得る心情変化を語るだけだということ」といった答えができますが、やや字数が足りません。こういうときは、対比を入れて、否定されているほうも書くのです。すると、2行目の文中接続語「が」をはさんだ前後に、「自分だけ↔大多数」という対比が見つかります。これを生かして書くと、右記の模範解答のようになるわけです。

文中接続語が役立っていることが分かりますね。接続語は、最初に本文を読む段階で

【マークせよ！】

【2】では、まず、次の箇所にマルをつけることが大切です。

・2、5、8行目の「が」
・6〜7行目「などといった」
・10行目「ので」
・11行目「わけだ」

接続語は、文頭・文中・文末を問わず、出てきた時点でマルをつけます。ただし、文中・文末接続語は数が多く、まじめにマークしすぎるとその作業ばかりに気を取られてしまいます。慣れてきたら、「ここは重要だ」と思える箇所だけにマークするようにしていくとよいでしょう。重要な箇所というのは、文章のテーマに直接関係する部分、多くは抽象的な部分です。また、本文のみでなく選択肢、あるいは自身の書いた答案の文をチェックする際にも、文中・文末

できるだけマークしておくことが、大切です。それが、問いを考える際に役立つのです。

さて、ここで文中・文末接続語を一覧にしておきます。

《接続語一覧（主に文中・文末で使われるもの）》（主に文頭で使われるものは鉄則17で紹介）

言いかえる接続語
―同等関係―
という　といった
ような　などの
などという
などといった
というような
などというような

くらべる接続語
―対比関係―
が
ではなく
より
よりも
にもかかわらず

たどる接続語
―因果関係―
から　ので　ため
のだ　わけだ
のです　わけです
のである
わけである
ば（AならばB）

その他の接続語
―並列関係―
や（AやB）
と（AとB）
も（Bもある）
たり（AたりBたり）

どれも、日常会話などで使う言葉ばかりですが、あえて意識を高めていきましょう。

●ポイント――文中・文末接続語は、意識しさえすれば、役立てることができる。

接続語への意識が不可欠になります。

【のである】
「A。Bのである」のとき、Bの働きは二つあり得ます。一つは因果関係整理、もう一つは同等関係整理です。BがAの理由になる場合と、BによってAを言いかえている場合です。「挨拶もしなかった。けんかをしたのである」ならば、Bが理由です。「挨拶もしなかった。無視したのである」ならば、Bは言いかえです。「のだ・のである・のです・わけだ・わけである・わけです」は、いずれも同様です。

【接続詞？】
「や・と・も」などは、品詞分類上は助詞ですが、ここでは広義の「接続語」としています。

鉄則19

「直前の理由（イ）」を、常に意識せよ。

（ア）話し方を友だちにほめてもらえた……事実｛本文に書かれていることが多い
　だから←→なぜなら
（イ）自信を持つことができた……心情｛本文に書かれていることが少ない
　だから←→なぜなら
（ウ）スピーチに立候補することができた……言動｛本文に書かれていることが多い

《文学的文章の場合の基本の型》

〈問い〉「（ウ）はなぜか」（なぜ立候補できたか）
〈答え〉「（ア）によって（イ）となったから」
（話し方を友だちにほめてもらえたことで、自信を持つことができたから）

☐言いかえる力　☑記述式　☑説明的文章
☑くらべる力　☑非記述式　☑文学的文章
☑たどる力

【1】　次の文章を読み、あとの問いに答えなさい。

アサミは、教室で席が近くなったユウコを、少し面倒に感じ始めていた。荷物が多い帰りには、「一つ持とうか？」と声をかけてきたり、掃除で机を移動させるときには、「私が運ぼうか？」と言ってきたり。要するに、余計なおせっかいなのだ。毎回、「いいよ、一人でやるから」「いいよ、あたしがやるから」と返事をしているのに、また数時間後には同じ言葉をかけてくる。

ある日、体育倉庫の掃除が回ってきた。アサミとユウコは同じ班なので、ここでも一緒だった。アサミは、積み上げられたマットの位置を直そうとしていた。しゃがみこんで、はみ出していた下のほうのマットを無理やり引っ張った瞬間、それより上に積まれたマットが、アサミの頭上で崩れかけた。アサミは、かろうじてそれを下から支えたが、うまくバランスがとれない。近くにいたユウコがとっさに駆け寄り、アサミに声をかけた。

「手伝おうか？」

アサミは、一瞬ためらったが、直後、ためらっている場合じゃないと思いなおした。

「あ……頼む」

崩れかけたマットを二人で持ち上げ、難を逃れた。

「サンキュー、助かったよ」

アサミが笑みを浮かべながら言うと、ユウコも笑顔を返した。その笑顔は、これまで見たことのないような、明るい表情だった。

それからというもの、ユウコはアサミにおせっかいを焼かなくなった。

〈問い〉　――部「ユウコはアサミにおせっかいを焼かなくなった」とありますが、これはなぜだと考えられますか。

【解説】

答えは、次のようになります。

「それまでは声をかけても拒否されるばかりだったが、今回声をかけたときはアサミに受け入れられて力を貸すことができた上、喜んでもらえたため、これまで得られなかった満足感を得ることができたから（だと考えられる）」

今回は字数指定がありません。いわゆる難関校の入試では、よく見られるパターンです。こういう問いに対して過不足ない答案を作るのは、なかなか難しいことです。

しかし、型を意識すればそれが可能になります。まず、右の解答中の「因果関係を示す文中・文末接続語」二か所にマルをつけましょう。「ため」と「から」です。最後の「から」を意識するのは当然として、忘れがちなのは途中の「ため」です。この前後が、それぞれ鉄則の（ア）と（イ）に当たります。図に示すと、左ページのようになります。

最も単純な答案（誤答例）として考えられるのは、「サンキュー、助かったよと言ってもらえたから」。最低でも、「喜んでもらえた」などと抽象化すべきですが、そうだとしてもこれは（ア）止まりです。また、（ア）には、「頼む」と言ってもらえたことを抽象化し、「受け入れられた（力になれた）」などの言葉も加えるとベストです。しかし、

【対比的変化】（鉄則8参照）

左ページの図を対比的変化の図にすると、次のようになります（表現は簡略化しています）。

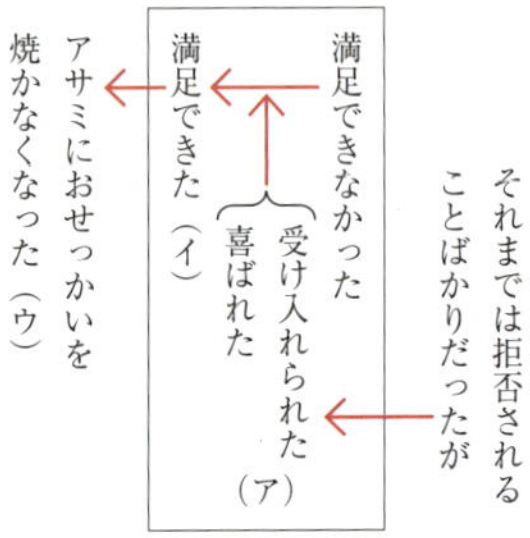

【「考えられる」という言葉】

今回の設問は、「なぜだと考えられますか」と問うています。「なぜですか」とストレートに問わず、このように問うのには

いずれにせよ、（イ）がありません。ユウコがアサミにおせっかいを焼かなくなった直接の原因は（イ）「満足したこと（心情変化）」であって、（ア）ではない――こう考えるのが、文学的文章の読解の鉄則なのです。

（ア）受け入れられて力を貸すことができた・喜んでもらえた
　　　だから↓↑なぜなら
（イ）満足感を得ることができた
　　　だから↓↑なぜなら
（ウ）アサミにおせっかいを焼かなくなった

なお、（ウ）の理由について（ア）→（イ）と考えるこの型は、文学的文章に限ったものではありません。説明的文章であれ何であれ、因果関係の整理に必須となる型です。「なぜ」と問われて理由が頭に浮かんだとき、**「待てよ、本当にその理由だけでこの結果になるのか？」と自問する習慣をつける**と、この型が身につきやすくなります。

●**ポイント**――「なぜ」と問われたら、すぐ「ア→イ→ウ」の図にして整理せよ。

意味があります。それは、「理由が文中に明示されていないため、絶対にそれが正しいとは言えない」ということです。

相手に喜んでもらえたのだから、普通ならさらにおせっかいが続いてもおかしくはありません。それでもユウコがそれをやめた理由は、満足したからと考えるのが自然です（「明るい表情」という言葉もヒントになります）。とはいえ、ユウコはずいぶん自分勝手です。相手のためというより、自分のために手伝いを買って出たのでしょうか。そう考えると、不明確なところも残ります。このような部分を問う設問は、本来は良問とは言えません。しかし、文学的文章の読解とはこういう問いも出るものなのだということを知っておく必要は、あるでしょう。

鉄則20

最もふさわしい理由をつかむために、「むすんでたどる」。

ア　今日は雨だ。
イ　試合は、雨ならば中止だ。
ウ　今日の試合は中止だ。

このとき、次のような因果関係が成り立つ。

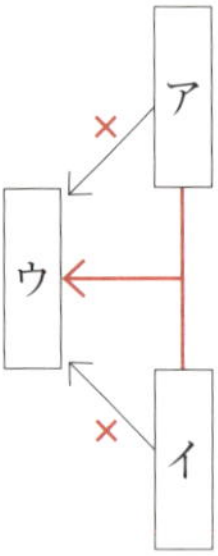

アとイを結合してウの理由とする方法を、「むすんでたどる」と名づける。活用しよう。

〈問い〉「今日の試合は中止だ」と言えるのはなぜか。

〈不十分な答え〉
・今日は雨だから。（アのみ）
・試合は、雨ならば中止だから。（イのみ）

〈十分な答え〉
・今日は雨であり、試合は雨ならば中止だから。（ア＋イ）

- [ ] 言いかえる力
- [ ] くらべる力
- [x] たどる力
- [x] 記述式
- [x] 非記述式
- [x] 説明的文章
- [x] 文学的文章

【1】次の文章を読み、あとの問いに答えなさい（これは、65ページを利用した文章です）。

老人には席を譲らないほうが親切だ。

ひと昔前までは、電車内などで老人に席を譲るのが当たり前だった。しかし、最近では、席を譲っても拒まれることが多くなった。同じことを繰り返すうちに、分かってきたことがある。それは、席を譲ることが老人のプライドを傷つけているということだ。席を譲るというのは、「あなたは老人に見えます」というメッセージを送っているようなものだからだ。平均寿命も延び、定年後も新しい仕事に就くような人が増えてきた昨今、彼らは、自分はまだまだ若いと思っているのだ。

そういう気持ちを推し測ってあげることこそが、本当の親切なのではないだろうか。

〈問い〉「老人には席を譲らないほうが親切だ」と言える理由として最もふさわしいものを選びなさい。

ア　席を譲ることは、「あなたは老人に見えます」というメッセージを送っているようなものだから。

イ　親切とは相手の気持ちを推し測ることであり、自分はまだまだ若いと思っている老人のプライドを推し測ることが大切だから。

ウ　席を譲っても拒まれることが増えている以上、余計な親切を押しつけることは避けるべきだから。

エ　席を譲られることでプライドを傷つけられたような気持ちになる老人が増えており、そういう気持ちを推し測ることこそが本当の親切だと言えるから。

オ　平均寿命も延び、定年後も新しい仕事に就くような人が増えてきた昨今、席を譲るという行為が老人の身体の健康維持を害しているはずだから。

【解説】

答えはエです。同じ題材文を含む鉄則12の問題を既に解いていたとしても、迷ってしまったのではないでしょうか。

あらためて66ページと同じ図をもとにして、チェックしてみましょう。

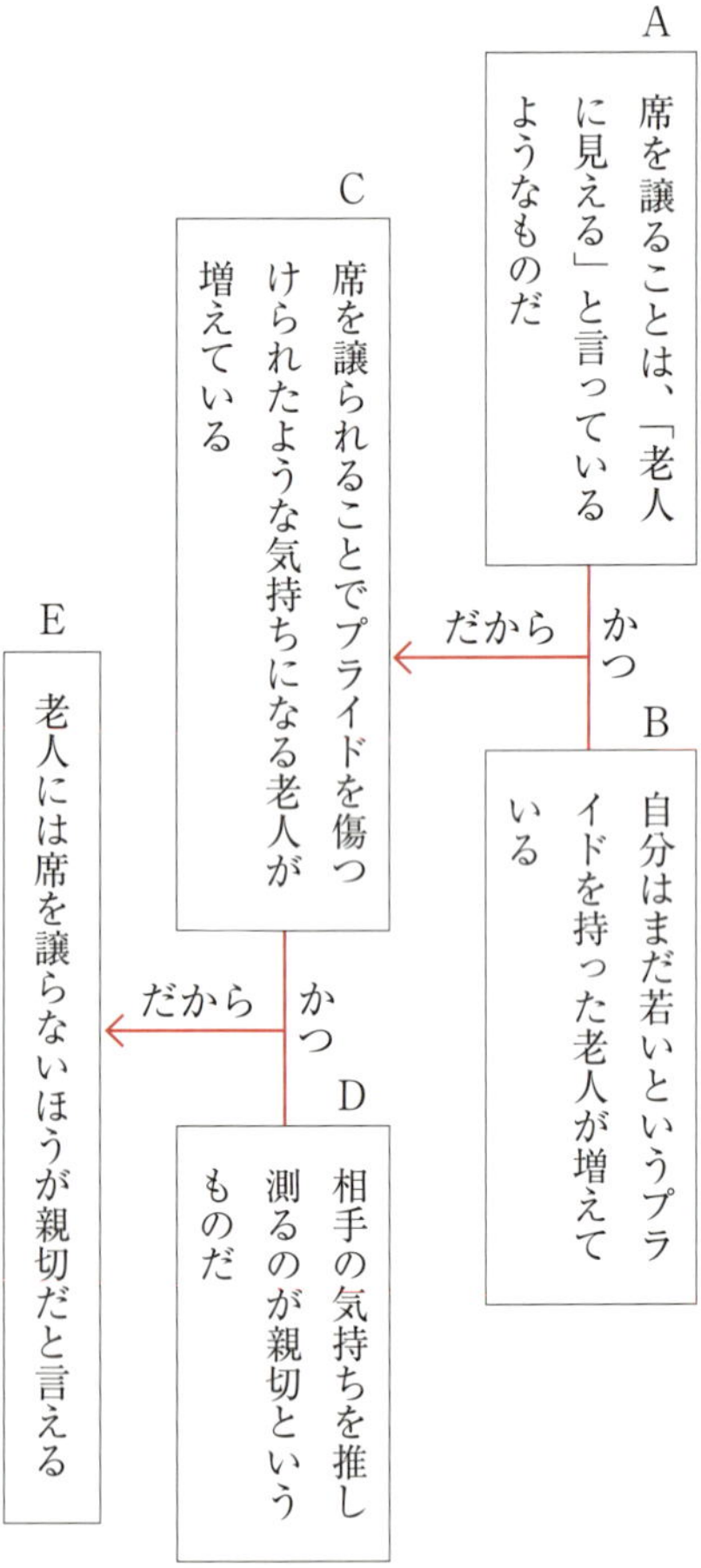
A
席を譲ることは、「老人に見える」と言っているようなものだ
かつ
B
自分はまだ若いというプライドを持った老人が増えている
だから
C
席を譲られることでプライドを傷つけられたような気持ちになる老人が増えている
かつ
D
相手の気持ちを推し測るのが親切というものだ
だから
E
老人には席を譲らないほうが親切だと言える

【むすんでたどる】

いわゆる三段論法が、この「むすんでたどる」の原型です。

〈例〉

ア ソクラテスは人間だ。
イ 人間は死ぬ。
ウ ソクラテスは死ぬ。

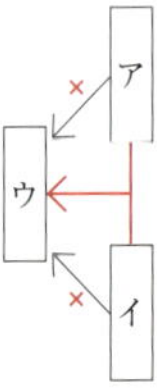
ア
イ
ウ
×
×

〈問い〉

「ソクラテスは死ぬ」と言えるのはなぜですか。

〈不十分な答え〉

・ソクラテスは人間だから。（アのみ）
・人間は死ぬから。（イのみ）

選択肢アの内容は、Aのみです。これは、Eの「遠因」の「一部」です。これでは、「最もふさわしい」とは言えません。イは、DとBを組み合わせた内容です。かなり答えに近いと感じられるかもしれませんが、「席を譲る」という観点（A・C）が全く含まれないため、「『老人には席を譲らないほうが親切だ』と言える理由」としては、やはり不十分です。直前の理由C・Dが書かれたエが、最もふさわしいと言えます（エにA・Bの要素が加わっても、もちろん答えになります）。ウもひっかかりやすいですが、本文は、「拒まれるから余計な親切を避けよ」ではなく、「老人が拒む理由を推し測るという親切をせよ」と言っているのです。オは、前半は文中に書かれていますが、後半の「席を譲るという行為が老人の身体の健康維持を害している」は、書かれていません。

選択式設問の中には、他を消去して残った二つの選択肢がどう見ても両方正しいのに片方だけが正答になっているというケースがあります。これは、「最もふさわしい」という言葉が根拠になっているのです。どちらもあり得るけれども、よりよい答えは一つである――そう考えなければならないわけです。

●ポイント――「むすんでたどる」の観点で、不十分な選択肢を見極めよう。

〈十分な答え〉
・ソクラテスは人間であり、人間は死ぬから。（ア＋イ）

「ソクラテスは人間だ」とは言っても、もし人間が死なない場合があるならば、ソクラテスは死ぬとは限りません。

また、「人間は死ぬ」とは言っても、ソクラテスが人間でないならば、ソクラテスは死ぬとは限りません。

アとイ、両方の条件がそろったとき、初めて十分な理由となるのです。

なお、「ソクラテスは人間であるため、人間は死ぬから」としてはいけません。アは、イの理由ではないのです。

鉄則21

選択肢は、まず手で隠せ。選択肢は、ワナの集合体だ。

選択式問題はラクだと思っていないか。それは大間違いだ。

選択式問題は、ワナの集合体だ。普通、答えは一つ。あとは全部ワナ。

選択式問題では、まず選択肢全体を手のひらで隠す。物理的に選択肢が見えない状態にするのだ。こうすると、本文に立ち返って自力で答えを導き出すしかなくなる。そこでだいたいの答案イメージがわいた時点で、初めて選択肢をチェックする。これが、**選択式問題の正攻法**である。本文に立ち返らずいきなり選択肢を読み始めれば、ワナにはまる可能性が高まるのは当然だ。

正攻法は少し時間がかかる。

しかし、真の読解力は、正攻法でこそ身につくのである。

- [x] 言いかえる力
- [x] くらべる力
- [x] たどる力
- [ ] 記述式
- [x] 非記述式
- [x] 説明的文章
- [x] 文学的文章

【1】 **次の文章を読み、あとの問いに答えなさい。**

社会生活を送るためには、常識や順当な発想を持つことがむろん大切だが、ときにはあえて非常識な考え方をしてみないと、新しい発見や成果を得るのはなかなか難しいのではないか。

よく、「逆転の発想」と言われる。

日本地図や世界地図を、文字どおり上下逆にして見てみよう。たったこれだけでも、そこに新しい世界を発見できる。

あるいは、価値観を逆にしてみる。現代のアイドルの曲に、昭和時代に流行ったようなリズムやメロディを反映させたものがヒットする例が見られるが、これは、「古いものは意外に新しい」と考えたことの成果であろう。

このように、常識に反する考え方がもたらしてくれた発見や成果は、いたるところにあるはずだ。

〈問い〉 筆者の主張に最も近いものを次のア～カから選び、記号で答えなさい。

ア 社会生活を送るためには、人に迷惑をかけないよう、常識を大切にしてふるまうべきである。

イ 発想を逆転させることの大切さを知ることによって、新しい発見や成果を得ることの難しさを感じ取ることができる。

ウ 新しい発見や成果を得ることはなかなか難しいため、順当な発想でものごとをとらえていくことが大切だ。

エ 新しい発見や成果を得るためには、身近なところにある当たり前のことを否定してみることも大切である。

オ 社会生活の中では、地図を逆から見ることによって新しい発見を得ることが大切である。

カ 非常識な発想をすることによってのみ、新しい発見や成果を得ることができるようになる。

【解説】

正解はエです。

正解することそれ自体は、簡単だったはずです。

正解するかどうかよりも大切なのは、正攻法で解いたかどうかです。

「筆者の主張に最も近いものを選べ」と言われて、「どれどれ……アは……」というように、すぐ選択肢を読み始めてしまったならば、大いに反省してください。

選択肢を手で隠し、「筆者の主張は何だろうか」と、まず自力で考えたのならば、鉄則の体得に向けて一歩前進したと言えます。

読解問題に出てくる「主張」は、通常、抽象的な内容になります。たとえば、「野球も算数も大切だ」ではなく、「スポーツも勉強も大切だ」というのが主張になるということです。そこで、主張を探すときは、まず抽象的な段落を見ます。

本文は、全部で五つの段落からできています。今回は冒頭（及び二段落）と末尾の段落に主張がまとめられています。「今回は」と書きましたが、「冒頭・末尾に抽象的な段落がある」というのが、最も多いパターンです（サンドイッチ型。72ページ参照）。

さて、抽象的な段落をもとに考えると、「ときには常識に反する（非常識な）考え方

【鉄則の例外】

「主張は何か」「――部はどういうことか」「AとBはどう違うか」「――部はなぜか」などといったシンプルな設問ばかりとは限りません。問われていることが複雑で、選択肢を見ないとどうしようもない場合もあります。そういう場合は、もちろん、「選択肢と本文」「選択肢と選択肢」を初めから読みくらべつつ考えていくしかありません。

また、選択肢そのものがヒントになって答えが見えてくる場合もあるため、正攻法で答えが出づらいと感じた場合は、少し選択肢を見渡してみるというのも、方法の一つです。

をしてみることが、新しい発見や成果につながる」（☆）といった主張を読み取ることができます。この程度のイメージがわいた時点で、選択肢をチェックします。

☆ ときには常識に反する（非常識な）考え方をしてみることが、新しい発見や成果につながる

エ 新しい発見や成果を得るためには、身近なところにある当たり前のことを否定してみることも大切である。

本文に準じたまとめである☆の文とエの文をくらべると、ほぼ同じ内容になっています。ただし、本文の「常識」を、選択肢エでは「当たり前のこと」と言いかえています。本文の「反する」を、選択肢エでは「否定する」と言いかえています。本文の「ときには」を、選択肢エでは「～も」と言いかえています。そして、「AがBにつながる」（A→B）という順序の本文※を、選択肢エでは「BのためにはAが大切」（B→A）と言いかえています（※冒頭の段落では「AしてみないとBは難しい」、末尾の段落では「AがBをもたらす」となっており、いずれもA→B）。

ここから分かることがあります。

それは、**「選択肢は本文の言いかえである」**ということです。正解となる選択肢は本文に沿った内容になっていなければなりませんが、全く同一ではすぐに答えがバレてしまいます。そこで、たくみに言いかえるのです。

さて、エが正解だと確信が持てれば、もはや他の選択肢を見るまでもありません。これが、**「ズバリ方式」**です。本物を見抜く力が試されます。

しかし、残念ながら多くの選択肢は巧妙に作られており、確信を持つに至らないことも多々あります。そこで、いわゆる「消去法」を使うことになります。消去法では、とにかく**「パーツごとに消去する」**ことが肝心です。選択肢全体を捨てるのではなく、部分的に捨てていくのです。

ここで、先ほどの問いの選択肢をパーツごとにチェックしていきます。

ア……「人に迷惑をかけないよう」は、**「良い子の常識」**です。これは、「常識的・道徳的にみて正しい内容だが本文には書かれていないことがら」を指します。「常識を大切にしてふるまうべき」も、むろん間違いです。

イ……「よって」の前後をそれぞれ別々に読めば、どちらも本文に書かれた内容であ

【相対的に選ぶ】

選択式設問には、たいていの場合、さりげなく「最もふさわしいものを選べ」などと書かれています。

単に「ふさわしいものを選べ」と書くと、ふさわしいものが二つある場合や、どれもふさわしくない場合に、出題者側が困ります。そこで、「最も」と書くことで、その問題を解消しようとするのです。

「ベスト」が二つあるように見えても、「より上のベスト」を選べ。「ベター」しかないように見えても、「より上のベター」を選べ。そういう指示として、「最も」という言葉が機能しているわけです。

り、ひっかかってしまう可能性があります。しかし、この両者を「よって」で接続したとたん、意味の分からない因果関係が生じます。このように、**各パーツは正しくても、その接続関係だけが狂っているという選択肢**は、要注意です。

ウ……前半は本文に書かれていますが、後半は主張の正反対です。

オ……「地図を逆から見る」という具体例がまるで主張そのものであるかのような言い方であり、間違いです。**具体的すぎる選択肢はバツ**（の可能性が高い）、と覚えます。

カ……「のみ」が間違いです。「絶対・必ず・間違いなく・だけ・のみ・しか・完全に・全て」など、**「断定・限定・極端」**を表す言葉がある場合、九割はニセ選択肢です。

ほかに、**「本文に似すぎた選択肢はバツ」**という原則もあります。出題者は、なぜ似せるのでしょうか。それは、偽物を本物に見せかけるためです。先に述べたとおり、正解となる選択肢は本文とは違った表現に言いかえられているのが普通ですから、似すぎた選択肢は、逆に疑ったほうがよいのです。

●ポイント――選択肢は本文の言いかえである。常に本文に立ち返ることを忘れずに。

【プラス・マイナス・中立】

「選択肢は本文の言いかえである」。ですから、問われていることがらを本文がプラスにとらえているならば、正解となる選択肢もプラスにとらえているはずです。本文がマイナスならば選択肢もマイナスです。

たとえば、文学的文章で心情を問う設問において、本文（――部）に「ため息をついた」とあれば、そのときの心情が「喜んだ」などとプラスになることはありません。「がっかり」「迷い」「後悔」など、マイナスの心情になります。

このように、本文の問われている部分がプラス・マイナス・中立のどこを向いているのかをとらえ、それを選択肢の絞り込みに役立てることができれば、正解率は上がります。

鉄則22

「あなたの考えを」と言われたら、客観性と独自性を両立させよ。

―形式―

「この文章を読んで、あなたはどう考えましたか。あなたの意見を二〇〇字以内で書きなさい。その際は、身近なところでのあなたの体験などを例に挙げながら、理由が明確になるように書くこと」

（あなたの意見 → 対比関係／身近なところでのあなたの体験などを例に → 同等関係（具体化）／理由が明確になるように → 因果関係）

対比関係〈意見・主張というものは、簡単に言えば「良いか悪いか」である。その基本は、「AではなくB」（Aが悪い、Bが良い）という型である〉

―内容―

客観性を高める……一〇人中八人が納得する具体的な理由を挙げる

独自性を高める……一〇人中二人しか思いつかない意見や例にする

☑言いかえる力　☑記述式　☑説明的文章
☑くらべる力　☐非記述式　☐文学的文章
☑たどる力

【1】 **次の文章を読み、あとの問いに答えなさい。**

あるベンチャー企業※の若手男性経営者A氏が、テレビでこう語るのを耳にした。

「ヘーゲルだかマルクスだか何だか知らないけど、そんな昔のお偉いさんがどう言おうと関係ないでしょ。大切なのは、今、自分自身がどう考えるかでしょ」

ある討論番組の一場面だ。それを聞いて、同席していたこれも若い男性の哲学者B氏が、苦笑しながら言った。

「いや、でもね。実際に世界中に影響を与えてきたそういう思想家の言葉に耳を傾けるというのは、大切だと思いますよ。人間、自分一人で何かをゼロから生み出すなんてことは、しょせん無理なんですから」

年配の女性実業家C氏が、笑いながら口をはさんだ。

「まあ、どちらの言い分にも正しいところはありますよね。これは当たり前のことですけど、とても大切なところでね。名だたる思想家たちも、全くのゼロから思想を生み出したわけではもちろんなくて、必ずそれ以前の誰かの影響を受けてるわけですよ。もちろん、その誰かのまねで終わっているわけではなくて。その受け継いだものが見えなくなるくらいの独創性で、新しい何かを創造しているんです。だからこそ、多くの人に影響を与えることができたんですよね」

確かに、これは当たり前のことだが、大切なことであろう。

※新しい知識や技術を活用し、事業を展開する企業。

〈問い〉　この場面のテーマとも言える「模倣（まね）と独創」について、あなたはどう考えますか。あなたの意見を二〇〇字以内で書きなさい。その際は、身近なところでのあなたの体験や見聞を例に挙げながら、理由が明確になるように書くこと。

【解説】

たとえば、次のような答案が考えられます。

「私は、独創よりも模倣のほうが大切だと思う。自分で思いついた卵料理を作ったとき家族に喜ばれなかったので、別の日にレシピ本をまねして作ったら、喜んでもらえた。その後、何度もまねをして作るうちに、いつの間にか自分らしい卵料理に変わってきたことに気づいた。でも、喜ばれなかった味に戻ったわけではない。家族に喜んでもらえる自分らしさになっていた。これからも、まずは模倣から始めて、自分らしさを磨きたい。」（一九六字）

まず、客観性を確かめます。最初の「自分で思いついた」段階は、模倣のない独創です。このときは喜ばれませんでしたが、お手本を模倣したら喜んでもらえました。ここで終わってしまうと、独創を放棄しただけの他力本願な内容になります。大切なのはここからです。何度も模倣するうちに、最初とは違う自分らしさ、他者に理解される独創が生まれた、と言うのです。いわば、「独りよがりではない独創」です。好きな歌手の歌い方をどんなにまねしても結局は自分の歌い方になる。それを繰り返すうちに、だんだんと自分らしい歌い方に変わっていく――というようなことは、誰しも多かれ少なか

【逆説化の練習】

「負けるが勝ち」「急がば回れ」「ケンカするほど仲がいい」などのように、逆説的でありながら根拠がある言葉は、たくさんあります。これを、一日に一つ、作ってみるとよいでしょう。

ポイントは、根拠よりも先に、逆の言葉を並べてしまうことです。たとえば、「安いものは高くつく」。そのあとで、根拠を考えます。「安いものは、ついつい買いだめしてしまうので、高くつく」など。たいていのものごとは、よくよく考えれば、ある一面では逆の結論が成り立つものです。独創の練習として、ぜひ、取り組んでみましょう。

鉄則12も参照のこと。

れ経験があるでしょう。絵の描き方、文章の書き方、話し方、あるいは身のこなしや表情の作り方に至るまで、十分あり得ることです。その意味で、客観性は高いと言えます。

次に、独創性です。文章の独創性を高めるために最も簡単な方法は、一般的な価値を反対にしてみること、つまり**逆説化**です。この文章では、一般的な価値（模倣よりも独創が大切）を逆説化しています。この時点で、他の多くの答案との違い、すなわち独創性が、ある程度生まれていると言えます。むろん、今回の文章は、「哲学者B氏」の言葉としてもともと模倣の重要性（一般的価値の逆）が述べられていましたので、逆説化した印象はやや薄れます。しかし通常は、このように賛否両論のバランスを保っている文章が題材になることは少なく、価値が傾いているものです。つまり、逆説化の価値が高まりやすいのです。題材文に示された価値観が「常識」であればあるほど、「一〇人中二人以下しか書かない独創性」を、逆説化によって生み出しやすくなります。ただし、単に逆にしただけでは、「独りよがりの独創」にとどまります。しっかりと、体験的・具体的な根拠を加えること。そのとき初めて、客観性の高い独創が生まれるわけです。

●ポイント——逆説化し、根拠を整えよ。これが、入試作文課題を突破する手段だ。

【一般的価値】

一般的価値というものは、時代や地域によって、当然変動します。上記の解説は、「模倣より独創」が一般的だという前提で書かれていますが、あくまでも現代日本における傾向がそうであるというだけのことです。みなさんも、学校などで、「人のまねはよくない。自分で考えなさい」と口酸っぱく言われてきたでしょうから、そのことは共感できるはずです。ただし、逆のことを言う先生も、もちろんいます。絶対的に他者と共有できている価値観というものは、存在しないわけです。

試験本番で必ず役立つ！

読解問題の設問パターンとその攻略法

（注）この本は高校受験生向けですが、国語力＝論理的思考力の習得には本来、小中高の区別は関係ありません。解説の中で中学入試や大学入試についても触れているのは、そのためです。／ラインが引かれた鉄則は、その項目に特に関連が深いことを意味します。／鉄則1〜5や21は全ての問いに関連します。

〈1〉「言いかえる力」で立ち向かえ！

言いかえる設問　パターン①

〈問い〉「——とは、どういうことか」「——とあるが、これはどういうことを言っているのか」「——とは、どのようなことか」「——とは、どのような意味か」「——の意味を、分かりやすく説明せよ」「——とあるが、それを説明したものとして最もふさわしいものを選べ」

〈鉄則〉鉄則9、鉄則10、鉄則13、鉄則14、鉄則15、鉄則16

〈解説〉あらゆる中学入試・高校入試・大学入試で出題されるパターンです。

多くは、筆者独自の言い回し（特に比喩表現）を言いかえることを求める設問です。

言いかえる設問　パターン②

〈問い〉「この言葉には、なぜ『　』がついているのか」「この言葉には、なぜ〃　〃がついているのか」

〈鉄則〉**鉄則9、鉄則10、鉄則13、鉄則14、鉄則15、鉄則16**

〈解説〉同様の設問は、これまで、筑波大学附属駒場高校、山形大学、その他多くの学校で出題されました。「なぜ」とありますが、「たどる力」よりも「言いかえる力」が武器となります。パターン①と同様の設問です。たとえば、「料理の味」と「料理の『味』」では、意味が変わり得ます。後者は、「料理の個性」といった意味にもなるのです。「　」や〃　〃がついた言葉をこうして言いかえさせる設問は、多くの中学入試・高校入試・大学入試で出題されています。

言いかえる設問　パターン③

〈問い〉「――とは、どういうことをたとえているのか」

〈鉄則〉**鉄則9、鉄則10、鉄則13、鉄則14、鉄則15、鉄則16**

〈解説〉同様の設問は、これまで、東京学芸大学附属高校、ラ・サール高校、その他多くの学校で出題されました。これも、パターン①・②と本質的には同じ設問です。たとえば、「猿も木から落ちる」はどういうことをたとえているのか、と問われたら、答えは「名人でも失敗するということ」などと抽象化して答えます。

言いかえる設問　パターン④

〈問い〉「――は具体的にはどういうことか」「――とあるが、それを具体的に述べている部分を三〇字以内で抜き出せ」（字数は一例）

〈鉄則〉**鉄則9、鉄則10、鉄則13、鉄則14、鉄則15、鉄則16**

〈解説〉あらゆる中学入試・高校入試・大学入試で出題されるパターンです。パターン①と同様ですが、特に具体化を要求する設問です。

言いかえる設問　パターン⑤

〈問い〉「――を比喩的に言いかえた箇所を抜き出せ」「――とあるが、この部分をたとえを用いて表した一文を抜き出せ」

〈鉄則〉**鉄則9、鉄則10、鉄則13、鉄則14、鉄則15、鉄則16**

〈解説〉同様の設問は、これまで、國學院高校、愛知県立高校、その他多くの学校で出題されました。これは、パターン③の逆です。

言いかえる設問　パターン⑥

〈問い〉「筆者は、――について**どのように述べているか**。**文章全体を踏まえ、**一〇〇字以内で説明せよ」「筆者がこの**文章全体で述べている**――の特徴とは、**どのようなことか**。六〇字程度で説明せよ」（字数は一例）

〈鉄則〉**鉄則3、鉄則6、鉄則7、鉄則9、鉄則10、鉄則13、鉄則14、鉄則15**

〈解説〉同様の設問は、これまで、新潟県立高校、静岡県立高校、その他多くの学校で出題されました。「文章全体を踏まえて」というのは、文章全体の骨組み、つまり筆者が最も伝えたいことがらをまとめよということです。次のパターン⑦も同様です。

言いかえる設問　パターン⑦

〈問い〉「本文の……の範囲を五〇字以内で**要約しなさい**。――に対する筆者の考えとその根拠に触れること」「次の文章を八〇字以上一〇〇字以内に**要約しなさい**」（字数は一例）

〈鉄則〉**鉄則3、鉄則6、鉄則7、鉄則9、鉄則10、鉄則13、鉄則14、鉄則15**

〈解説〉同様の設問は、これまで、神奈川県立高校、中央大学杉並高校、その他多くの学校で出題されました。要約とは、抽象化の作業です。「言いかえる力」が、そのための第一の武器です。ただし、要約すべき範囲が全体に及ぶほど、そこには対比関係・因果関係を含むようになるため、結局は「3つの力」をすべて発揮する必要が出てきます。たとえば、先の〈問い〉のうち「根拠に触れること」というのは、「たどる力」を要求しているわけです。

言いかえる設問　パターン⑧

〈問い〉「国語の授業でこの文章を読んだ後、――というテーマで自分の意見を発表することになった。このときにあなたが話す言葉を、具体的な体験や見聞も含めて二〇〇字以内で書きなさい」「――とあるが、そのような人間社会の問題の具体例を挙げた上で、あなたの考える問題解決の糸口を二五〇字以内で書きなさい」「この文章に書かれていることを参考にして、――についてあなたが考えたことを二〇〇字以内で書きなさい」

〈鉄則〉**鉄則2、鉄則3、鉄則9、鉄則10、鉄則13、鉄則14、鉄則15、鉄則22**

〈解説〉同様の設問は、これまで、東京都立高校、都立日比谷高校、都立西高校、都立八王子東高校、その他多くの学校で出題されました。まず文章の骨組みをイメージし、それから書き出す必要があります。その意味では、パターン⑥・⑦などと同じです。そこに、パターン④と同様、具体化の作業を加えていきます。パターン⑦でも述べたように、「根拠を示すこと」などとあれば、「たどる力」も同時に必要になります。

言いかえる設問　パターン⑨

〈問い〉「本文に書かれている内容に合うものを、あるだけ選べ」
〈鉄則〉**鉄則9、鉄則10、鉄則13、鉄則14、鉄則15、鉄則21**
〈解説〉あらゆる中学入試・高校入試・大学入試で出題されるパターンです。選択肢はいずれも、文章の細部または全体について多少とも表現を言いかえた形で書かれています。

言いかえる設問　パターン⑩

〈問い〉「――部『それ』が指し示す内容を説明せよ」
〈鉄則〉**鉄則9、鉄則13、鉄則18**
〈解説〉あらゆる中学入試・高校入試・大学入試で出題されるパターンです。

〈2〉「くらべる力」で立ち向かえ!

くらべる設問　パターン①

〈問い〉「――③と――④とでは、○○（人物名）の○○に対する気持ちが変化している。○○の気持ちの変化を、そのきっかけとなったことも含め、九○字以内で説明せよ」「○○がこのような思いになるまでの気持ちの変化を説明したものとして最も適当なものを選べ」「○○の

〈鉄則〉気持ちが変化したのは、○○のことをどのように感じるようになったからか。～感じていたが、～感じるようになったから。という形で、八〇字以内で説明せよ」「――とあるが、ここで○○はどういうことに気づき始めたのか。二〇〇字以内で詳しく説明せよ」

〈鉄則〉鉄則3、鉄則8、鉄則19

〈解説〉同様の設問は、これまで、攻玉社学園中学校、武蔵中学校、麻布中学校、桜蔭中学校、宮崎県立高校、岡山県立高校、広島県立高校、香川大学、宮崎大学、その他多くの学校で出題されました。文学（物語・小説）とはそもそも、人物の変化（特に対比的変化）を描くものです。こういった設問が多いのは、必然であると言えるでしょう。

くらべる設問　パターン②

〈問い〉「（ア）と（イ）は、どう違うか。説明せよ」

〈鉄則〉鉄則4、鉄則6、鉄則7、鉄則10、鉄則11

〈解説〉同様の設問は、これまで、多くの学校で出題されました。

「会う」と「見かける」（開成中学校）、「旅」と「観光旅行」（雙葉中学校）、「手品師」と「魔法使い」（学習院女子中等科）、「ザバーン！」と「ザバンッ！」（筑波大学附属駒場中学校）、「理解」と「認識」（開成高校）、「クリックする行為」と「めくる行為」（お茶の水女子大学附属高校)、「展開する」と「展開しがち」(信州大学)、「シャーマン的な交通」と「プリースト(司祭)的な交通」(名古屋市立大学)など、類似したAとBとの間の相違点を説明させる設問が多々出題されています。また、類似したものごとを例示した上で、それとは違う別の例を挙げて説明することを要求する設問もあります。たとえば、「技」と「技術」・「聞く」と「聴く」・「楽しい」と「面白い」を例示しておいて他の例を挙げさせる設問(秋田県立高校)、「アイスクリーム」と「クリーム」、「うつろ」と「からっぽ」※を例示しておいて他の例を挙げさせる設問(慶應義塾湘南藤沢中等部)などです(※「うつろとからっぽ」という谷川俊太郎の詩)。なお、相違点のみならず共通点も同時に挙げさせる場合も、多々あります。「教養」と「趣味」の共通点・相違点を説明させる設問(京都大学)などです。

くらべる設問 パターン③

〈問い〉「(ア)は(A)だが、(イ)は(B)である。空欄を埋めよ」

〈鉄則〉**鉄則4、鉄則6、鉄則7、鉄則8、鉄則10、鉄則11**

〈解説〉同様の設問は、これまで、多くの学校で出題されました。

「○○(人物名)が(　　)と言ったのに対し、○○は(　　)と答えたので、……ととらえている」といった形での記述を求める設問(岐阜県立高校)、「――とあるが、筆者がそう述べるわけを次のように説明する。空欄を埋めよ。ヒト以外が（　　）であるのに対し、ヒトだけが（　　）だから」といった形での記述を求める設問（都立西高校）、「一般的には（　　）なものと考えられがちな『無駄や脱線』が、実は（　　）ものであることを強調している」といった形での記述を求める設問（秋田県立高校）などです。また、「敗者以上に勝者が悲劇的であるのはなぜか」というように逆説の理由を問う設問（広島大学附属高校）や、「AとB二つのポスターのうちどちらを選ぶか。理由とともに述べよ」というように対比を根拠に主張させる設問（静岡県立高校）など、「たどる力」も同時に求められるタイプもよく出ます。

〈3〉「たどる力」で立ち向かえ！

たどる設問　パターン①

〈問い〉「――とあるが、なぜそう言えるのか」「――とあるが、このように言えるのはなぜか。最も適切なものを選べ」「――とあるが、筆者がこのように述べたのはなぜか。最も適切なものを選べ」「――とあるが、『私』が～～したわけとして最も適切なものはどれか」「『私』がこう感じたのはなぜか。そのきっかけとなった〇〇（人物名）の言葉を書き抜け」「……が～～だと言えるのは、……がどのようなものだからか」「……とは、どのような気持ちから生じたものか」

〈鉄則〉**鉄則8、鉄則12、鉄則13、鉄則19、鉄則20**

〈解説〉あらゆる中学入試・高校入試・大学入試で出題されるパターンです。文章から読み取れる因果関係がジャンプしている（飛躍している）ときにその間を埋めさせる設問、あるいは、文章に書かれた理由が冗長であるため短くまとめさせるような設問が、その主流です。

たどる設問　パターン②

〈問い〉「――とあるが、この表現から読み取れる〇〇（人物名）の気持ちに近いものはどれか」「――とあるが、このときの〇〇（人物名）の気持ちはどのようなものだと考えられるか」

〈鉄則〉**鉄則8、鉄則9、鉄則10、鉄則19、鉄則20**

〈解説〉あらゆる中学入試・高校入試・大学入試で出題されるパターンです。たとえば、「うなだれていた」という表現から読み取れるのは、「失望」「落胆」「残念に思う気持ち」などとなるでしょう。「失望した→だから→うなだれた」ということです。「このように言ったのは、こういう心情だったからだろう」と考えます。なお、「たどる」というよりも「言いかえる」

に近い考え方になる場合もあります（たとえば、――部に「一人きりになった」とあり、このときの心情を「孤独感」などとするように、両者の意味が一対一で対応しやすい場合）。

たどる設問　パターン③

〈問い〉「（　ア　）によって（　イ　）となった。空欄を埋めよ」

〈鉄則〉**鉄則8、鉄則12、鉄則19、鉄則20**

〈解説〉同様の設問は、これまで、多くの学校で出題されました。

「（　　）ことによって、今の常識では解決できない問題の突破口を見つけられる」というような形で空欄を考える設問（大分県立高校）、「時間はもっとも貴重な資源であるため、（　　）ということ」「父さんが（　　）から、父さんの言葉に同意してうなずいたということ」などといった形で空欄を考える設問（青森県立高校）などです。

その他のパターン

◆脱文挿入・乱文整除

脱文挿入は、「本文中には次の一文が抜けています。戻すならどこですか」などと問われます。乱文整除は、「本文中のこの部分は、文がバラバラに並んでいます。並べ替えるとどうなりますか」などと問われます。どちらも、抜けている一文（脱文）やバラバラになったそれぞれの文の中に含まれる指示語や接続語をヒントにして解くパターンがほとんどです。つまりは、前後の文の関係性を問うているわけであり、「3つの力」のそれぞれを必要に応じて使えば、解決できます。たとえば、「脱文挿入」において脱文の文末に「〜からです」などとあれば、その文は「原因（理由）」です。脱文の前には、その一文の「結果（結論）」が書かれているはずです。この場合は、「たどる力」を発揮することになります。このとき役立つのは、「文頭接続語」及び「文中・文末接続語」です（**鉄則18**）。

◆段落関係・接続語挿入

段落関係は、「この文章における第七段落の役割を説明したものとして最も適切なものはどれか」などと問われます。第六段落（まで）と第八段落（以降）との関係性を問うているわけですから、「3つの力」を総合的に使い、どの「関係」なのかを判定することで解決できます。接続語挿入も、同じことです。空欄の前後の文（あるいは段落）の「関係」を確定させるのです（**鉄則17**）。

（注）東京都立高校の入試問題は平成26年度から自校作成ではなくグループ作成となっている。
参考文献　『全国高校入試問題正解』『全国大学入試問題正解』（旺文社）『中学入学試験問題集　国語編』（みくに出版）

おわりに――他人任せの読み方を卒業するために

先日、ある塾の若い先生に質問を受けました。

「高校受験では、とにもかくにも短時間で問題を解かなければなりません。ある生徒が、『先生、本文を全部読むなんて無理。傍線部（――部）の前後だけチェックすればいいでしょ？』と質問してきたとき、それを認めざるを得ませんでした。このことについてどう思いますか」

私は答えました。

「そういう拾い読みによって文章全体の骨組みをしっかりつかむことができる自信があるというのなら、それでもいいと思いますよ。でも、そう簡単にはいかないでしょうね」

傍線部の前後二、三行だけチェックすれば解けるというのであれば、その設問は質の低い悪問です。その文章を書いた筆者・作者に笑われてしまうような、低俗な問いです。実際、そういう設問もよく目にします。

しかし、少し質の高い、本質を突いた出題をする学校になると、そういう解き方ではお手上げになります。

文章全体の骨組みをとらえたとき、初めて正答できる。そういう問いが、良問です。

傍線部の前後だけを拾い読みするなどという読み方に慣れてしまうのは、危険なのです。

そもそも、考えてみてください。

傍線というのは、誰が引いたのでしょうか。出題者ですね。

理解のために必要な箇所を、出題者が教えてくれているわけです。

しかし、みなさんが高校に進み、大学へ入り、広い社会へと船出するそのプロセスを先へ進めば進むほど、「傍線を引いてくれる人」はどんどん減っていきます。目の前にある文章を読み解くために、あなた自らが傍線を引き、疑問を持ち、その答えを自ら探し出すことが不可欠になるのです。文章だけではありません。今後遭遇するあらゆる〈現象〉を、あなた自身で「読解」、すなわち「整理して再構築する」ことが、求められてくるわけです。

あなたはいつまで、出題者に頼った読み方をしますか？　いつまで他人任せで文章を読みますか？

むしろ逆に、「この選択肢はおかしい、正答は一つもないはずだ」「この設問は本質的ではない」「こんなテストはくだらない」と断言できるくらいになりたくありませんか？

むろん、根拠もなく断言するのでは単なるビッグマウスです。大言壮語には、根拠が必要です。

幸いなことに、あなたはこの本を手にしています。この本が、力強い根拠になるはずです。

ただし、一度通読したくらいでは、役に立ちません。この本は、ハンドブックです。いつでもどこでも、持ち歩くことができます。ページが破れるほどに、使いこなしてください。

そのとき初めて、この本が、あなたの「根拠」となることでしょう。

ふくしま国語塾 主宰　福嶋隆史

高校受験［必携］ハンドブック

国語《こくご》読解《どつかい》［完全攻略《かんぜんこうりやく》］22の鉄則《てつそく》

2014年10月31日　初版発行
2024年12月19日　11刷発行

著　者……福嶋隆史《ふくしまたかし》
発行者……塚田太郎
発行所……株式会社大和出版
東京都文京区音羽1-26-11　〒112-0013
電話　営業部03-5978-8121／編集部03-5978-8131
https://daiwashuppan.com
印刷所……誠宏印刷株式会社
製本所……株式会社積信堂

ISBN978-4-8047-6246-3